NÃO-CUMULATIVIDADE DO ICMS
Dimensão Normativa e Eficácia

C268n Cardoso, Anderson Trautmann
        Não-cumulatividade do ICMS: dimensão normativa
    e eficácia / Anderson Trautmann Cardoso. – Porto Alegre:
    Livraria do Advogado Editora, 2009.
        123 p.; 21 cm.
        ISBN 978-85-7348-589-9

        1. Imposto sobre circulação de mercadorias e serviços (ICMS). 2. Impostos: Brasil. I. Título.

CDU – 336.222

Índices para catálogo sistemático:
Impostos: Brasil   336.2
Imposto sobre circulação de
mercadorias e serviços   336.222

(Bibliotecária responsável: Marta Roberto, CRB-10/652)

Anderson Trautmann Cardoso

NÃO-CUMULATIVIDADE DO ICMS
Dimensão Normativa e Eficácia

Porto Alegre, 2009

© Anderson Trautmann Cardoso, 2009

Capa, projeto gráfico e diagramação
Livraria do Advogado Editora

Revisão
Betina Denardin Szabo

Direitos desta edição reservados por
Livraria do Advogado Editora Ltda.
Rua Riachuelo, 1338
90010-273 Porto Alegre RS
Fone/fax: 0800-51-7522
editora@livrariadoadvogado.com.br
www.doadvogado.com.br

Impresso no Brasil / Printed in Brazil

Prefácio

Há profusão de publicações jurídicas no Brasil. Publicam-se teses de doutorado e dissertações de mestrado, nem todas com a qualidade desejável a um mercado editorial maduro. Há excelentes trabalhos dessa natureza. Nem todos, porém, revelam a qualidade necessária à publicação, apenas satisfazendo aos interesses dos seus autores, mais ávidos por rápido sucesso editorial do que por demorado reconhecimento intelectual.

Publicam-se, igualmente, monografias elaboradas para cursos de especialização e, até mesmo, trabalhos de conclusão de cursos de graduação. Normalmente, é desaconselhável publicar trabalhos desse tipo. A reflexão em profundidade demanda anos de estudo, tal é a complexidade das categorias e institutos jurídicos que o jurista precisa compreender e coerentemente articular. Essa é a regra. Toda regra, porém, possui exceções. Este trabalho é uma exceção.

Com efeito, o presente trabalho, apresentado como monografia de conclusão do Curso de Especialização em Direito Tributário na Faculdade de Direito da Universidade Federal do Rio Grande do Sul, é digno de se tornar público, em virtude de qualidades pouco usuais em trabalhos dessa natureza.

O trabalho, em primeiro lugar, examina tema da mais alta relevância teórica e prática – a não-cumulatividade do Imposto sobre a Circulação de Mercadorias. Embora ela esteja garantida pela Constituição, a não-cumulatividade tem sido objeto de sucessivas e contínuas restrições provenientes de modificações da legislação infraconstitucional, que têm diminuído, em muito, a sua eficácia. Daí a necessidade de um estudo que, fundado na Constituição, possa revelar aquilo que o legislador infraconstitucional não pode restringir.

O presente estudo, em segundo lugar, sistematiza adequadamente o tema, apresentando as principais posições doutrinárias a seu respeito, não apenas fazendo referência aos principais autores que sobre ele discorreram, como, também, examinando as incongruências doutrinárias que tanto dificultam a sua correta compreensão. Ele, além disso, situa bem o problema a resolver, apresentando uma evolução histórica inicial, para, somente depois de fixadas as premissas constitucionais, analisar a legislação infraconstitucional.

Em terceiro lugar, o trabalho examina a evolução jurisprudencial do tema, especialmente do Supremo Tribunal Federal. Tal expediente é útil não só para demonstrar o entendimento do Tribunal acerca dos aspectos mais importantes da não-cumultatividade. Ele também é proveitoso para revelar as várias mudanças de entendimento manifestadas durante os últimos anos pelo Tribunal, especialmente sobre a definição da não-cumulatividade como crédito físico ou financeiro, sobre a distinção entre isenção e redução de base de cálculo e sobre a correção monetária do saldo credor, dentre outros assuntos.

Em quarto lugar, para pôr fim a uma lista que poderia ser alongada, a presente pesquisa também se qualifica por adentrar numa questão teórica de grandes implicações práticas, que é a da definição da dimensão normativa da norma que veda a cumulatividade do imposto. O autor, com base em estudos de Teoria do Direito, qualifica, corretamente, a norma como sendo uma regra, para, a partir desse entendimento, demonstrar que a Constituição, em vez de deixar liberdade para o legislador infraconstitucional definir os meios de concretização da não-cumulatividade, predeterminou, sem qualquer restrição, o modo para sua realização: segundo a regra constitucional, o contribuinte tem o direito subjetivo de descontar aquilo que foi "cobrado" nas operações anteriores, sendo vedada qualquer outra limitação além daquelas expressamente previstas no texto constitucional. É com base nessa premissa que o autor enfrenta – para rejeitar – as várias restrições infraconstitucionais à utilização de créditos, que tanto atormentam os contribuintes e os operadores do Direito no Brasil.

Por todas essas razões, desejo que este trabalho, pela consistência dos seus fundamentos e pelo seu alto grau informativo, seja lido por todos que se interessam por tão relevante e atual tema tributário.

Porto Alegre, setembro de 2008.

Prof. Dr. Humberto Ávila

Livre-Docente em Direito Tributário pela USP.
Ex-Pesquisador Visitante das Universidades de Harvard, EUA, e Heidelberg, Alemanha. Doutor em Direito pela Universidade de Munique - Alemanha. Professor da Graduação e Pós-Graduação da Faculdade de Direito da UFRGS.
Advogado e Parecerista.

Sumário

1. Introdução 11
2. A dimensão normativa da não-cumulatividade do ICMS 15
   2.1. A não-cumulatividade do ICMS no ordenamento
        jurídico brasileiro 15
   2.2. A não-cumulatividade do ICMS na doutrina
        tributária nacional 30
   2.3. A não-cumulatividade do ICMS na jurisprudência
        do Supremo Tribunal Federal 60
3. A eficácia da não-cumulatividade do ICMS 87
   3.1. A distinção entre princípio e regra 87
   3.2. A eficácia da não-cumulatividade do ICMS 97
4. Conclusão 113

Referências 117

1. Introdução

Originária da França[1] e introduzida no texto constitucional brasileiro na Constituição Federal de 1946, pela Emenda Constitucional n° 18, de 1° de dezembro de 1965, a não-cumulatividade é um dos principais institutos no campo do Direito Constitucional Tributário, caracterizando o Imposto sobre Circulação de Mercadorias e Serviços de Transporte Intermunicipal e Interestadual e Comunicação (ICMS), na forma como previsto na Constituição Federal de 1988.

Atributo peculiar aos modernos impostos incidentes sobre a circulação de mercadorias, a não-cumulatividade tem como objetivo que o tributo incida tão-somente sobre o valor acrescido em cada operação integrante da cadeia produtiva, eliminando os prejuízos da denominada incidência "em cascata".[2]

---

[1] "A França foi o primeiro país industrializado a reconhecer as desvantagens de um imposto cumulativo, incidente sobre todas as fases de produção industrial e de circulação. Se já em 1936 se fazem as primeiras tentativas de mudança, apenas no ano de 1954 se criou a *Taxe sur la valeur ajouteé*, tributo retocado, posteriormente, mas ainda vigente naquele país". (COELHO, Sacha Calmon Navarro; DERZI, Misabel Abreu Machado. ICMS – Não-cumulatividade e temas afins In: MARTINS, Ives Grandra da Silva (Coord.). *O Princípio da Não-Cumulatividade*. São Paulo: Revista dos Tribunais; Centro de Extensão Universitária, 2004, p. 106).

[2] *Reforma Tributária Nacional*. Rio de Janeiro: Fundação Getúlio Vargas, 1966. (Comissão de Reforma do Ministério da Fazenda, publ. n° 17) p. 49, item 3/40.

Instituto da mais alta relevância teórica e prática para a atividade jurisdicional, a não-cumulatividade do ICMS é objeto de intenso debate na doutrina tributária e na jurisprudência brasileira, relacionando-se com concepções fundamentais do sistema jurídico pátrio, o que lhe confere conseqüências jurídicas igualmente relevantes.

Diante disso, o presente estudo propõe-se a analisar, de uma maneira dogmática, a não-cumulatividade do ICMS, visando a precisar sua dimensão normativa e eficácia, a fim de que se possa identificar seu real conteúdo e alcance no sistema jurídico brasileiro erigido sob a égide da Constituição Federal de 1988, garantindo sua adequada aplicação e efetividade.

A proposição é enfrentar questões como: qual a dimensão normativa da não-cumulatividade do ICMS extraída pela doutrina tributária e pela jurisprudência do Supremo Tribunal Federal a partir da Constituição Federal de 1988? É apropriado classificá-la como princípio? Qual a sua real eficácia?

Para tanto, na primeira parte do trabalho, principiar-se-á com a análise da não-cumulatividade do ICMS no ordenamento jurídico pátrio, desde a sua origem até o sistema erigido sob a égide da Constituição Federal de 1988.

Após, buscar-se-á delimitar os contornos atribuídos pela doutrina à não-cumulatividade do ICMS, bem como os limites de sua dimensão normativa, definidos pela jurisprudência do Supremo Tribunal Federal a partir do exame do sistema tributário nacional.

Na segunda parte do trabalho, procurar-se-á estudar a distinção entre as espécies normativas "princípio" e "regra", partindo-se das lições dos principais doutrinadores que analisaram o assunto, com especial destaque às teorias de DWORKIN e ALEXY.

Por fim, buscar-se-á qualificar a não-cumulatividade do ICMS como "princípio" ou "regra", com o propósito de, a partir de uma interpretação sistemática e hierarquizadora do direito, demonstrar seu real conteúdo e alcance no sistema tributário brasileiro, garantindo sua aplicação adequada e efetividade.

O trabalho justifica-se diante da ausência de um exame mais crítico e coerente por parte da doutrina brasileira, em relação à não-cumulatividade do ICMS, que se ampare nos modernos estudos apresentados pela Teoria Geral do Direito acerca da distinção entre as espécies normativas "princípio" e "regra".

E a inexistência desse tipo de estudo acaba por ocasionar pesados prejuízos ao próprio entendimento do ordenamento jurídico pátrio de uma forma sistemática, na medida em que afeta a aplicação adequada da não-cumulatividade do ICMS e, conseqüentemente, a sua efetividade.

De fato, como se demonstrará no decorrer do trabalho, partindo-se da distinção entre "princípios" e "regras" propalada atualmente pela Teoria Geral do Direito, diferentes serão os efeitos decorrentes de sua aplicação, de acordo com a sua qualificação, o que permitirá, concebida a devida classificação, uma visão mais coerente do próprio sistema constitucional tributário.

Diante do exposto, patente a relevância prática do presente estudo, na medida em que tem por objetivo, justamente, definir a dimensão normativa do instituto da não-cumulatividade do ICMS, com vistas a possibilitar a sua adequada aplicação e efetividade.

2. A dimensão normativa da não-cumulatividade do ICMS

2.1. A não-cumulatividade do ICMS no ordenamento jurídico brasileiro

Neste ponto, buscar-se-á traçar um panorama do ordenamento jurídico brasileiro acerca da não-cumulatividade do ICMS.

Não obstante o objeto do estudo restrinja-se aos limites do ordenamento jurídico definidos a partir da Constituição Federal de 1988, serão analisados também textos constitucionais pretéritos. Isso porque a não-cumulatividade do ICMS, embora encontre seu fundamento atual no texto constitucional vigente, já constava em Constituições anteriores.

Destaque-se que o presente trabalho não tem por objetivo a análise histórica do ICMS,[3] mas, para o bom êxito

---

[3] Compartilha-se do entendimento de ATALIBA e GIARDINO, no sentido de privilegiar a *mens legis* em detrimento da *mens legislatoris*: "É contra legem a interpretação que busca 'acomodar' o conteúdo da norma a quaisquer desígnios políticos eventualmente frustrados pelo sentido emergente do direito posto. O sistema constitucional não prestigia essa 'correção interpretativa', juridicamente equivalente a manifestação legislativa nova por órgão que não detém poderes para tanto (o intérprete ou o aplicador do direito). Da própria norma, e de sua eficácia, é que podem surgir efeitos

do estudo, faz-se essencial referências que auxiliem para que se delimite o cenário da gênese do ICMS e de seu desenvolvimento até a estrutura atual, de modo a contribuir para a melhor compreensão dos fundamentos que serão expendidos ao longo do trabalho, razão pela qual se fará uma breve análise da origem do tributo e da não-cumulatividade no país. É o que se passa a proceder.

O atual ICMS, como é sabido, decorre do antigo ICM que, por sua vez, tem sua origem ligada ao Imposto sobre Vendas e Consignações (IVC).

Instituído pela Lei n° 4.625, de 31 de dezembro de 1922, o antigo imposto sobre vendas mercantis – do qual decorreu o IVC – teve uma característica peculiar, qual seja, decorreu da aceitação, pelo Governo Federal, do projeto aprovado pelos próprios contribuintes, no 1ª Congresso das Associações Comerciais do Brasil, realizado em outubro de 1922, no Rio de Janeiro (RJ). Pela redação aprovada, o Presidente da República ficava autorizado a

> [...] cobrar imposto do selo proporcional sobre as vendas mercantis, a prazo ou à vista, efetuadas dentro do país, podendo aplicar, no todo ou em parte, as disposições adotadas sobre a matéria no 1º Congresso das Associações Comerciais do Brasil, realizado nesta Capital em 1922, ou outras que julgar convenientes, de modo a tornar obrigatória a assinatura pelos compradores.[4]

Em 1934, a Constituição Federal recepcionou o imposto instituído pela Lei n° 4.625/22, estendendo sua incidência também às operações de consignações mercantis e criando, assim, o chamado IVC. Além dessa inovação, a Carta Magna de 1934 também atribuiu aos Estados a com-

---

extrajurídicos (sejam eles quais forem). Entender o contrário é abastardar o direito, colocando-o 'a reboque' de valores diferentes dos consagrados na norma. É negar a ordem jurídica, a autoridade da lei e a supremacia da Constituição". (ATALIBA, Geraldo; GIARDINO, Cléber. ICM: Abatimento Constitucional; Princípio da Não-Cumulatividade. *Revista de Direito Tributário*, v. 8, n. 29-30, p. 110-126, jul./dez. 1984, p. 114)

[4] COSTA, Alcides Jorge. *ICM: Na Constituição e na Lei Complementar*. São Paulo: Resenha Tributária, 1978, p. 3.

petência para a instituição do tributo. É o que se verifica a partir da leitura de seu artigo 8º, *in verbis*:

> Art 8º – Também compete privativamente aos Estados:
> I – decretar impostos sobre:
> [...]
> e) vendas e consignações efetuadas por comerciantes e produtores, inclusive os industriais, ficando isenta a primeira operação do pequeno produtor, como tal definido na lei estadual;[5]

À União, de outra parte, a Constituição Federal de 1934 atribuiu a competência para instituir a cobrança de impostos sobre consumo de mercadorias, correspondente ao atual Imposto sobre Produtos Industrializados (IPI):

> Art 6º – Compete, também, privativamente à União:
> I – decretar impostos:
> [...]
> b) de consumo de quaisquer mercadorias, exceto os combustíveis de motor de explosão;[6]

Vale destacar que a sistemática do IVC, como estabelecida na Constituição Federal de 1934, não previa a não-cumulatividade do tributo, de modo que o imposto incidia em todas as etapas do processo produtivo, inclusive em operações interestaduais, como acentua Canto:

> Como se sabe, o Imposto sobre Vendas e Consignações (IVC) era cobrado sobre o valor de cada operação sem levar em conta o imposto pago quando das realizadas anteriormente com o mesmo produto ou com matéria-prima utilizada para o respectivo fabrico. Os Decs.-leis 915, de 1º.12.38, e 1.061, de 20.01.39, haviam reconhecido aos Estados produtores competência para tributarem a primeira operação de venda realizada nos territórios dos Estados de destino, quando se tratasse de produtos para estes transferido para formação de estoque; e reconheceram, ainda, aos Estados remetentes, o direito de cobrar imposto sobre a diferença apurada, na primeira venda nos Estados de

---

[5] BRASIL. Constituição da República dos Estados Unidos do Brasil de 1934. *Diário Oficial [da] República Federativa do Brasil*, Brasília, DF, 16 jul. 1934. Disponível em: https://www.planalto.gov.br/ccivil_03/ Constituicao/Constitui%C3%A7ao34. htm. Acesso em: 28 jul. 2006.

[6] Ibidem.

destino, sobre o valor básico que na transferência fora considerado para a tributação.[7]

Contudo, mesmo sem fazer referência à não-cumulatividade, a Constituição Federal de 1934 contribuiu para que o legislador constitucional passasse a tratar de institutos jurídicos que seriam essenciais para a caracterização do instituto nas Constituições seguintes, tais como "mercadoria", "comercialização" e "industrialização".[8]

Essa incidência multifásica e cumulativa[9], denominada incidência "em cascata", nitidamente não se revelava neutra, na medida em que incentivava a verticalização das empresas, pois quanto maior o ciclo de produção e comercialização das mercadorias, maior a tributação a que estavam submetidas, como já destacava Costa:

> A primeira desvantagem é a de que o imposto de vendas do tipo multifásico cumulativo incentiva a integração vertical das empresas. Se o tributo é pago em cada operação de que resulta a passagem da mercadoria de uma empresa para outra, até entrega ao consumidor, quanto mais integralizada verticalmente uma empresa, tanto menor será o ônus a que ficará sujeita as mercadorias por ela vendidas[10].

A ausência de neutralidade nessa incidência multifásica e cumulativa também foi apontada por Baleeiro:

> Desde a criação do imposto de consumo no primeiro decênio da República e do IVC em 1923, a incidência de ambos se fazia em cascades, recaindo a alíquota em cada operação sobre o valor total da anterior. Isso, além de outros inconvenientes, agravava o caráter regressivo des-

---

[7] CANTO, Gilberto Ulhôa. ICM: Não-cumulatividade; Abatimento constitucional. *Revista de Direito Tributário*, v. 8, n. 29/30, 197-208, jul./dez. 1984, p. 198.

[8] MELO, José Eduardo Soares de; LIPPO, Luiz Francisco. *A Não-Cumulatividade Tributária*. São Paulo: Dialética, 1998, p. 101

[9] "O imposto sobre vendas e consignações era do tipo multifásico cumulativo: incidia sobre todas as vendas e consignações efetuadas por comerciantes, industriais e produtores, em todas as fases do ciclo econômico, sem que o imposto pago em qualquer das operações fosse levado em consideração no cálculo do tributo devido nas posteriores". (COSTA, Alcides Jorge. *ICM: Na Constituição e na Lei Complementar*. São Paulo: Resenha Tributária, 1979, p. 6)

[10] Ibidem, p. 7.

ses dois impostos, aliás dos mais rendosos do nosso sistema, tanto mais quanto a regulamentação determinava que fossem aplicados aos casos de integração, isto é, àqueles em que a mesma empresa produzia todas ou quase todas as matérias-primas ou semi-acabadas até o produto final, como, p. ex., a usina de açúcar que fabricasse também doces e caramelos, ou a empresa que partisse da fabricação de lã até a manufatura de roupas etc.[11]

Da mesma forma, a incidência "em cascata" acarretava evidentes prejuízos aos contribuintes, uma vez que prejudicava a incidência isonômica do imposto, como alertava COSTA:

> O imposto de vendas multifásico cumulativo em cascata ressente-se de outro grave defeito: o de não constituir uma carga uniforme para todos os consumidores que são, afinal, quem o suportam. Este ônus será tanto maior quanto mais longo o ciclo da produção e da comercialização de cada produto. Como a essencialidade do produto não guarda relação alguma com a extensão do ciclo a que fica sujeito até chegar ao consumidor, pode acontecer – e acontecia muitas vezes – que o produto mais essencial seja o mais onerado. Por exemplo: jóias têm um ciclo de produção e comercialização normalmente mais curto que o de certos artigos de alimentação, como a carne.[12]

Como se verifica, a tributação incidente em todas as etapas da cadeia produtiva e a tributação sucessiva sobre o mesmo conteúdo econômico apresentava ao final uma distorção que afetava o próprio sistema econômico, trazendo-lhe prejuízos.

Em que pesem as referidas violações à neutralidade e à isonomia, decorrentes da adoção de um imposto (IVC) cuja incidência operava-se de maneira multifásica e cumulativa, a Constituição Federal de 1946 manteve as mesmas competências tributárias estabelecidas na Carta Magna de 1934 – mais uma vez sem referência à não-cumulativi-

---

[11] BALEEIRO, Aliomar. *Limitações Constitucionais ao Poder de Tributar*. 7. ed. Rio de Janeiro: Forense, 1999, p. 447.
[12] COSTA, Alcides Jorge. *ICM: na Constituição e na Lei Complementar*. São Paulo: Resenha Tributária, 1979, p. 8.

dade –, como se verifica em sua redação original, abaixo transcrita:

> Art 15 – Compete à União decretar impostos sobre:
> [...]
> II – consumo de mercadorias;
> [...]
> Art 19 – Compete aos Estados decretar impostos sobre:
> [...]
> IV – vendas e consignações efetuadas por comerciantes e produtores, inclusive industriais, isenta, porém, a primeira operação do pequeno produtor, conforme o definir a lei estadual;[13]

A não-cumulatividade surge no ordenamento jurídico brasileiro com a edição da Lei nº 3.520, de 30 de dezembro de 1958, passando o imposto sobre consumo – equivalente, como já referido, ao atual IPI – a permitir o abatimento do valor incidente nas aquisições de matérias-primas e demais insumos empregados na fabricação e no acondicionamento de produtos submetidos a sua incidência, como ensina Costa:

> O antigo imposto de consumo, que economicamente conceitua-se como um imposto de vendas, era um imposto multifásico e cumulativo, cobrado no ciclo da produção industrial. Era multifásico porque incidia em todas as operações realizadas por industriais, ainda quando vendessem a outros, e cumulativos porque o imposto pagos sobre matérias primas e produtos secundários (que fossem, por seu turno, produtos industrializados) não era tomado em consideração no cálculo do valor incidente sobre o produto a que se integravam tais matérias primas e produtos secundários. A Lei nº 3.520, de 30 de dezembro de 1958, em sua Alteração 10ª, dispôs que, do imposto devido em cada quinzena, fosse deduzido o valor do imposto que, no mesmo período, houvesse incidido sobre matérias primas e outros produtos empregados na fabricação e acondicionamento dos produtos tributados. Estava, assim, introduzido o sistema do valor acrescido no imposto de consumo.[14]

---

[13] BRASIL. Constituição dos Estados Unidos do Brasil de 1946. *Diário Oficial [da] República Federativa do Brasil*, Brasília, DF, 19 set. 1946. Disponível em: https://www.planalto.gov.br/ccivil_03/Constituicao /Constituiçao46.htm. Acesso em: 28 jul. 2006.

[14] COSTA, Alcides Jorge. *ICM: na Constituição e na Lei Complementar*. São Paulo: Resenha Tributária, 1979, p. 6.

Em 1º de dezembro de 1965, por meio da Reforma à Constituição Federal de 1946, levada a efeito pela Emenda Constitucional nº 18, o Brasil, seguindo a tendência mundial de evitar a cumulatividade dos tributos que oneravam a produção e a circulação de mercadorias[15] – decorrente de um processo iniciado na França com a instituição da "*taxe à la production*", substituída pela "*taxe sur la valeur ajoutée*"[16] –,

[15] "A rica experiência francesa difundiu-se velozmente a partir da década de sessenta. O Brasil introduziu na Constituição o princípio da não-cumulatividade com a Reforma Constitucional 18, de 1965, embora já o tivesse adotado, em legislação ordinária, no Imposto de Consumo; a Comunidade Econômica Européia adota o imposto sobre o valor adicionado como projeto de sua primeira diretriz, finalmente aprovada pelo Conselho em 1967, sendo paulatinamente implementada por seus membros; a Alemanha o introduz a partir de 1968; a Dinamarca, pela lei de março de 1967; a Inglaterra, em 1º de abril de 1973; a Irlanda, em 1972; Luxemburgo e a Bélgica, em 1969. A partir do final dos anos sessenta, também esse tipo de tributo sobre vendas líquidas se difunde por toda a América Latina (Bolívia, Uruguai, Peru, Equador, Argentina), tendo sido recentemente introduzido no Paraguai, em 1992, para futura harmonização no Mercosul". (COELHO, Sacha Calmon Navarro; DERZI, Misabel Abreu Machado. ICMS: Não-cumulatividade e temas afins *In*: MARTINS, Ives Grandra da Silva (Coord.). *O Princípio da Não-Cumulatividade*. São Paulo: Revista dos Tribunais; Centro de Extensão Universitária, 2004, p. 107)

[16] "Lei de 31 de dezembro de 1936 extinguiu a 'taxe sur le chiffre d'affaires' e o imposto monofásico aplicável a vários produtos. No lugar de ambos, instituiu uma 'taxe unique globale', devida pelos fabricantes. No entanto, a venda entre fabricantes efetuava-se com a suspensão do imposto, de modo que este era pago pelo fabricante que encerrava o ciclo da produção. A suspensão aplicava-se às vendas de matérias primas e materiais secundários. Posteriormente, foi concedida, através de abatimento do imposto devido, anulação de metade do tributo incidente sobre materiais de consumo rápido, utilizados na fabricação.

Em 1948, as necessidades de melhorar a arrecadação levaram à idéia de eliminar a suspensão do imposto. Autorizado pela lei 48-1.479, de 24 de setembro de 1948, um decreto do dia seguinte suprimiu a suspensão do imposto. Cada produtor deveria pagá-lo daí em diante; em compensação, do imposto a recolher, podia deduzir o que tivesse incidido sobre as matérias primas, materiais secundários e produtos rapidamente consumidos na produção.

Daí por diante, a não dedutibilidade do imposto incidente sobre o equipamento, do que resulta uma dupla imposição, tornou inevitável o aparecimento de vozes que pediam à dedução física (ou seja, a do imposto relativo às matérias que integram o produto final ou que se consomem rapidamente na produção) viesse juntar-se a dedução financeira (a do imposto incidente sobre bens do ativo fixo e despesas gerais).

Projetos tendentes à instituição de um imposto sobre o valor acrescido foram apresentados ao Parlamento francês pelos governos Pinay (1952), René Mayer (1953) e Laniel, também em 1953. Deste último resultou a lei de 10 de abril de concede aos Estados a competência para a instituição do Imposto sobre Operações relativas à Circulação de Mercadorias (ICM), atribuindo-lhe também a não-cumulatividade – prevista originalmente para o imposto sobre consumo, pela Lei nº 3.520/58 –, nos seguintes termos:

> Art. 12 – Compete aos Estados o imposto sobre operações relativas à circulação de mercadorias, realizadas por comerciantes, industriais e produtores.
> [...]
> § 2º – O imposto é não-cumulativo, abatendo-se, em cada operação, nos termos do disposto em lei complementar, o montante cobrado nas anteriores, pelo mesmo ou por outro Estado, e não incidirá sobre a venda a varejo, diretamente do consumidor, de gêneros de primeira necessidade, definidos como tais por ato do Poder Executivo Estadual.

Dessa forma, o novo ICM solidifica os conceitos oriundos do antigo IVC e a doutrina e a jurisprudência brasileira passam a tratar do instituto da não-cumulatividade.

Souza, ao referir a alteração promovida pela Reforma Constitucional de 1965, o faz nos seguintes termos:

> E aqui chegamos ao ICM caboclo. Também ele não foi qualquer novidade que em 1965 tivesse saído toda feita da cabeça de Minerva; o valor agregado já existia desde 1956 na sistemática do antigo imposto sobre consumo. Sua extensão ao antigo IVC para transformá-lo em ICM foi explicada no relatório da reforma tributária, como principal razão liga-

---

1954, que criou a 'taxe sur la valeur ajoutée' – TVA, em substituição à 'taxe à la production': no cálculo do imposto devido, passaram a ser levadas em conta não só as chamadas deduções físicas, como também as denominadas deduções financeiras.

Na verdade, a lei de 10 de abril de 1954 remata uma evolução que começou com o decreto 53-942, de 30 de setembro de 1953, que deu execução ao artigo 7º da lei 53-511, de 11 de julho de 1953. Este decreto admitiu a dedução, pelos fabricantes, de 50% do imposto incidente sobre bens passíveis de amortização. A lei de 10 de abril de 1954 permitiu a dedução de 100% desse imposto até 30 de junho de 1954. A partir desta última data, ficava suprimida a condição de serem amortizáveis os bens cuja aquisição dava direito à dedução do imposto que sobre eles houvesse incidido. A evolução da TVA francesa terminou com a lei de 6 de janeiro de 1966, que entrou em vigor em 1º de janeiro de 1968 e que estendeu o regime da TVA a todo o ciclo da produção e da comercialização, inclusive o comércio varejista". (COSTA, Alcides Jorge. *ICM: na Constituição e na Lei Complementa*. São Paulo: Resenha Tributária, 1979, p. 16-17)

> da à abolição da "cascata", isto é, como uma solução para resolver o conflito entre os chamados Estados produtores e os Estados ditos consumidores, ou seja, entre Estados remetentes e Estados destinatários nas transações interestaduais. Esse era um problema crucial, que desde 1938 o governo federal tentava resolver por leis predecessoras das atuais "normas gerais" (o Decreto-lei nº 915 e outros), mas sem grande êxito econômico ou jurídico porque a sua aplicação era facilmente fraudada e, pelo contrário, com considerável desgaste político. Em 1953/54, quando se fizera o primeiro esforço abortado de codificação tributária, como então se cogitava de reforma constitucional, eu havia proposto uma solução de compromisso. Já que o IVC era sobre as vendas e consignações, propus que, em vez do sistema do Decreto-lei nº 915 (conservado por seus sucessores), que assegurava o imposto sobre o sobre-preço também aos Estados de origem, se permitisse a este cobrar sobre a transferência, equiparada por ficção legal à consignação, e ao Estado de destino cobrar sobre a venda efetuada no seu território.[17]

De fato, superar as perplexidades expostas por Souza, decorrentes da adoção da sistemática cumulativa do IVC, em relação às operações interestaduais, bem como contribuir para a concretização de um sistema tributário nacional, são os principais objetivos visados com a adoção da não-cumulatividade. É o que se verifica a partir da leitura do seguinte excerto do relatório da Comissão do Ministério da Fazenda responsável pela Reforma Tributária Nacional de 1965:

> Ainda para sistematizar êste impôsto (ICM) com o incidente sôbre os produtos industrializados, atribui-se, também a ele, o caráter não cumulativo, a exemplo do que faz, quanto àquele, o inciso II do parágrafo único do art. 9º. É, aliás, característica moderna dos impostos sobre a circulação, primeiro elaborada na França e imitada pela maioria dos países, a de só tributarem, em cada sucessiva operação, o valor acrescido, eliminando-se assim os notórios malefícios econômicos da superposição em cascata, de incidências repetidas sobre bases de cálculo cada vez mais elevadas pela adição de novas margens de lucro, de novas despesas acessórias, e do próprio impôsto que recaiu sobre as operações anteriores. Neste caso, porém, por se tratar de impôsto esta-

---

[17] SOUZA, Rubens Gomes de. Imposto sobre Valor Acrescido no Sistema Tributário. *Revista de Direito Administrativo*, v. 110, p. 17-26, out./dez. 1972.

dual, a norma de dedutibilidade do montante pago na operação anterior teve de ser ampliada, para abranger não só o impôsto cobrado pelo mesmo Estado, mas também por outro. A não ser assim, com efeito, a configuração sistemática do impôsto estaria desvirtuada, mas, por outro lado, a norma, como prevista no inciso II do parágrafo único dêste art. 14, contribui decisivamente para acentuar o caráter nacional do sistema tributário.[18]

Na esteira da previsão contida na Carta anterior, então, a Constituição Federal de 1967 assim dispôs em relação ao ICM e a sua não-cumulatividade:

> Art. 24 – Compete aos Estados e ao Distrito Federal decretar impostos sobre:
>
> [...]
>
> II – operações relativas à circulação de mercadorias, inclusive lubrificantes e combustíveis líquidos, na forma do art. 22, § 6º, realizadas por produtores, industriais e comerciantes.
>
> [...]
>
> § 5º – O imposto sobre circulação de mercadorias é não-cumulativo, abatendo-se, em cada operação, nos termos do disposto em lei, o montante cobrado nas anteriores, pelo mesmo ou outro Estado, e não incidirá sobre produtos industrializados e outros que a lei determinar, destinados ao exterior.[19]

A Emenda Constitucional nº 1, de 17 de outubro de 1969, manteve as mesmas determinações. Em 1º de dezembro de 1983, contudo, a Emenda Constitucional nº 23 inseriu uma relevante modificação, contrária ao entendimento jurisprudencial,[20] estabelecendo que: "A isenção ou não-

---

[18] *Reforma Tributária Nacional*. Rio de Janeiro: Fundação Getúlio Vargas, 1966 (Comissão de Reforma do Ministério da Fazenda, publ. nº 17), p. 49, item 3/40.

[19] BRASIL. Constituição dos Estados Unidos do Brasil de 1967. *Diário Oficial [da] República Federativa do Brasil*, Brasília, DF, 24 jan. 1967. Disponível em: https://www.planalto.gov.br/ccivil_03/Constituicao/ Constituiçao67.htm. Acesso em: 28 jul. 2006.

[20] "A exceção apontada – em relação ao ICMS – veio para afastar jurisprudência do STF, correta e adequada, porém contrária aos interesses arrecadatórios dos Estados membros, que concedia crédito em relação às operações isentas ou imunes" (COELHO, Sacha Calmon Navarro; DERZI, Misabel Abreu Machado. ICMS: Não-cumulatividade e temas afins *In*: MARTINS, Ives Grandra da Silva (Coord.). *O Princípio da Não-Cumulatividade*. São Paulo: Revista dos Tribunais; Centro de Extensão Universitária, 2004, p. 111). Quanto ao posicionamento ado-

incidência, salvo determinação em contrário da legislação, não implicará crédito do imposto para abatimento daquele incidente nas operações seguintes".

Com o advento da Constituição Federal de 1988, hipóteses de incidência previstas distintamente no Texto Constitucional de 1967 – algumas na competência da União Federal[21] e outras na competência dos Estados e do Distrito Federal[22] – passaram a integrar um único imposto, o vigente ICMS.

De fato, a hipótese de incidência do ICMS, no ordenamento jurídico erigido a partir da Constituição Federal de 1988, encontra-se prevista no inciso II do artigo 155 do texto constitucional, *in verbis*:

> Art. 155 – Compete aos Estados e ao Distrito Federal instituir impostos sobre:
>
> [...]
>
> II – operações relativas à circulação de mercadorias e sobre prestações de serviços de transporte interestadual e intermunicipal e de comunicação, ainda que as operações e as prestações se iniciem no exterior;[23]

A não-cumulatividade do imposto, por sua vez, está prevista no mesmo artigo 155 da Constituição Federal, com a seguinte redação:

---

tado pelo Supremo Tribunal, anteriormente à Emenda Constitucional nº 23, de 1º de dezembro de 1983, merecem referência, além do *leading case* (Recurso Extraordinário nº 94.177-1 – SP), entre outros, os Recursos Extraordinários nº 91.107-3 – MG e nº 103.217-1 – SP.

[21] Art. 22 – Compete à União decretar impostos sobre: [...] VII – serviços de transporte e comunicações, salvo os de natureza estritamente municipal; VIII – produção, importação, circulação, distribuição ou consumo de lubrificantes e combustíveis líquidos e gasosos; IX – produção, importação, distribuição ou consumo de energia elétrica;

[22] Art. 24 – Compete aos Estados e ao Distrito Federal decretar impostos sobre: [...] II – operações relativas à circulação de mercadorias, inclusive lubrificantes e combustíveis líquidos, na forma do art. 22, § 6º, realizadas por produtores, industriais e comerciantes;

[23] BRASIL. Constituição da República Federativa do Brasil de 1988. *Diário Oficial [da] República Federativa do Brasil*, Brasília, DF, 05 out. 1988. Disponível em: https://www.planalto.gov.br/ccivil_03/Constituicao/ Constituiçao.htm. Acesso em: 28 jul. 2006.

Art. 155 – [...]
§ 2º – O imposto previsto no inciso II atenderá ao seguinte:
I – será não-cumulativo, compensando-se o que for devido em cada operação relativa à circulação de mercadorias ou prestação de serviços com o montante cobrado nas anteriores pelo mesmo ou outro Estado ou pelo Distrito Federal;
II – a isenção ou não-incidência, salvo determinação em contrário da legislação:
a) não implicará crédito para compensação com o montante devido nas operações ou prestações seguintes;
b) acarretará a anulação do crédito relativo às operações anteriores;
[...]
XII – cabe à lei complementar:
[...]
c) disciplinar o regime de compensação do imposto;[24]

Pois bem, diante da previsão contida no § 8º do artigo 34 do Ato da Disposições Constitucionais Transitórias (ADCT) e em razão da ausência da *"lei complementar necessária à instituição do imposto"*, o Convênio ICM nº 66/88, ao regular provisoriamente o tributo, foi o primeiro texto a disciplinar a não-cumulatividade do ICMS sob a égide da atual Constituição Federal.

E a não-cumulatividade do ICMS estava expressa no artigo 28 do Convênio ICM nº 66/88 nos seguintes termos:

Art. 28 – O imposto será não-cumulativo, compensando-se o que for devido em cada operação relativa à circulação de mercadorias ou prestação de serviços de transporte interestadual e intermunicipal e de comunicação com o montante cobrado nas anteriores pelo mesmo ou por outro Estado.[25]

---

[24] BRASIL. Constituição da República Federativa do Brasil de 1988. *Diário Oficial [da] República Federativa do Brasil*, Brasília, DF, 05 out. 1988. Disponível em: https://www.planalto.gov.br/ccivil_03/Constituicao/ Constituiçao.htm. Acesso em: 28 jul. 2006

[25] BRASIL. Secretaria da Fazenda. Convênio nº 88, de 14 de dezembro de 1988. *Diário Oficial [da] República Federativa do Brasil*, Brasil, DF, 16 dez. 1988. Disponível em: http://www.fazenda.gov.br/confaz/ confaz/CONVENIOS/ICMS/1988/CV066_88.htm. Acesso em: 28 jul. 2006.

Posteriormente, editou-se a Lei Complementar nº 87, de 13 de setembro de 1996, ora vigente, cujo comando contido em seu artigo 19 é idêntico àquele do Convênio ICM nº 66/88:

> Art. 19 – O imposto é não-cumulativo, compensando-se o que for devido em cada operação relativa à circulação de mercadorias ou prestação de serviços de transporte interestadual e intermunicipal e de comunicação com o montante cobrado nas anteriores pelo mesmo ou por outro Estado.[26]

Já o artigo 20 da Lei Complementar nº 87/1996, utilizando-se da atribuição concedida pela alínea "c" do inciso XII do § 2º do artigo 155 da Constituição Federal, disciplinou o regime de compensação do ICMS assegurando ao "ao sujeito passivo o direito de creditar-se do imposto anteriormente cobrado em operações de que tenha resultado a entrada de mercadoria, real ou simbólica, no estabelecimento, inclusive a destinada ao seu uso ou consumo ou ao ativo permanente, ou o recebimento de serviços de transporte interestadual e intermunicipal ou de comunicação".[27] Porém, especialmente com as alterações promovidas pela Lei Complementar nº 102/2000, estabeleceu limitações a este aproveitamento, complementadas em seu artigo 33.

No que tange ao Estado do Rio Grande do Sul, a não-cumulatividade do ICMS está prevista na atual Lei nº 8.820/89 com a redação que segue:

> Art. 14 – O imposto é não-cumulativo, compensando-se o que for devido em cada operação relativa à circulação de mercadorias ou prestação de serviços de transporte interestadual e intermunicipal e de comunicação, com o montante cobrado nas anteriores por esta ou outra unidade da Federação.[28]

---

[26] BRASIL. Lei Complementar nº 87, de 13 de setembro de 1996. Dispõe sobre o imposto dos Estados e do Distrito Federal sobre operações relativas à circulação de mercadorias e sobre prestações de serviços de transporte interestadual e intermunicipal e de comunicação, e dá outras providências. (LEI KANDIR). *Diário Oficial da União*, Brasília, DF, 16 set. 1996. Disponível em: https://www.planalto.gov.br/ccivil_03/Leis/LCP/ Lcp87.htm. Acesso em: 28 jul. 2006.

[27] Ibidem.

[28] RIO GRANDE DO SUL. Lei nº 8.820, de 27 de janeiro de 1989. Institui o Imposto sobre Operações Relativas à Circulação de Mercadorias e sobre Prestações

Esse, também, o comando contido atualmente no artigo 30 do Decreto Estadual n° 37.699/97 (Regulamento do ICMS):

> Art. 30 – O imposto é não-cumulativo, compensando-se o que for devido em cada operação relativa à circulação de mercadorias ou prestação de serviços de transporte interestadual e intermunicipal e de comunicação, com o montante cobrado nas anteriores por esta ou outra unidade da Federação.[29]

E a sistemática de apuração do ICMS devido, contemplando a não-cumulatividade do ICMS, prevista na Constituição Federal, é estabelecida pela Lei n° 8.820/89, nos seguintes moldes:

> Art. 21 – O montante devido resultará da diferença a maior (saldo devedor), em cada período de apuração fixado em regulamento, entre as operações relativas à circulação de mercadorias ou às prestações de serviços, escrituradas a débito fiscal e a crédito fiscal.
> § 1º – Constituirão débito fiscal e como tal serão escriturados:
> a) o valor resultante da aplicação da alíquota sobre a base de cálculo, relativamente às operações e prestações realizadas; [...]
> § 2º – Constituirão *crédito fiscal* e como tal serão escriturados:
> a) o valor correspondente ao imposto cobrado, relativamente às mercadorias entradas no estabelecimento e aos serviços a ele prestados;
> b) *outros créditos fiscais do imposto admitidos pela legislação tributária.*
> § 3º – O saldo do imposto verificado a favor do contribuinte (saldo credor), apurado com base nos critérios estabelecidos neste artigo, transfere-se para o período ou períodos seguintes, monetariamente atualizado, nos termos da legislação tributária estadual, utilizando-se as regras que estiverem sendo aplicadas para a atualização monetária dos créditos tributários no período correspondente.[30] (grifou-se)

---

de Serviços de Transporte Interestadual e Intermunicipal e de Comunicação e dá outras providências. Disponível em: http://www.fiscosoft.com.br/main_online.php?home= estadual&optcase=RS. Acesso em: 28 jul. 2006.

[29] RIO GRANDE DO SUL. Decreto n° 37.699, de 26 de agosto de 1997. Regulamento do Imposto sobre Operações Relativas à Circulação de Mercadorias e sobre Prestações de Serviços de Transporte Interestadual e Intermunicipal e de Comunicação – RICMS RS. Disponível em: Disponível em: http://www.fiscosoft.com.br /main_online.php?home= estadual&optcase=RS. Acesso em: 28 jul. 2006.

[30] RIO GRANDE DO SUL. Lei n° 8.820, de 27 de janeiro de 1989. Institui o Imposto sobre Operações Relativas à Circulação de Mercadorias e sobre Prestações

Nesse sentido, também, o comando contido no Regulamento do ICMS para se apurar o imposto devido:

> Art. 37 – O montante devido resultará da diferença a maior (saldo devedor), em cada período de apuração fixado no artigo seguinte, entre as operações relativas à circulação de mercadorias ou às prestações de serviços, escrituradas a débito fiscal e a crédito fiscal.
>
> § 1º – Constituirá débito fiscal e como tal será escriturado o valor:
> a) resultante da aplicação da alíquota sobre a base de cálculo, relativamente às operações e prestações realizadas;
> [...]
> § 2º – Constituirá *crédito fiscal* e como tal será escriturado o valor:
> a) do imposto cobrado, relativamente às mercadorias entradas no estabelecimento e aos serviços a ele prestados, vinculados diretamente com operação ou prestação posteriores tributadas;
> [...]
> d) *do crédito fiscal:*
> 1 – *presumido, nos termos previstos no art. 32.*[31] (grifou-se)

Como se verifica a partir da leitura dos dispositivos citados, a Lei nº 8.820/89, utilizando-se da previsão contida no § 6º do artigo 150 da Constituição Federal,[32] incluiu na sistemática de apuração do ICMS, além do crédito assegurado constitucionalmente pela não-cumulatividade do imposto – relativo ao montante do tributo cobrado nas operações anteriores –, *"outros créditos fiscais do imposto admitidos pela legislação tributária"*.

---

de Serviços de Transporte Interestadual e Intermunicipal e de Comunicação e dá outras providências. Disponível em: http://www.fiscosoft.com.br/main_online. php?home= estadual&optcase=RS. Acesso em: 28 jul. 2006.

[31] RIO GRANDE DO SUL. Decreto nº 37.699, de 26 de agosto de 1997. Regulamento do Imposto sobre Operações Relativas à Circulação de Mercadorias e sobre Prestações de Serviços de Transporte Interestadual e Intermunicipal e de Comunicação – RICMS RS. Disponível em: Disponível em: http://www.fiscosoft.com.br /main_online.php?home= estadual&optcase=RS. Acesso em: 28 jul. 2006

[32] § 6º Qualquer subsídio ou isenção, redução de base de cálculo, concessão de crédito presumido, anistia ou remissão, relativos a impostos, taxas ou contribuições, só poderá ser concedido mediante lei específica, federal, estadual ou municipal, que regule exclusivamente as matérias acima enumeradas ou o correspondente tributo ou contribuição, sem prejuízo do disposto no art. 155, § 2º, XII, *g*. (Redação dada pela Emenda Constitucional nº 3, de 1993)

Desse modo, o Estado do Rio Grande do Sul assegura aos contribuintes do ICMS, por meio da Lei nº 8.820/89, que o imposto devido, a ser recolhido à Fazenda Pública Estadual, resulte da diferença a maior (saldo devedor) entre as operações escrituradas a débito e a crédito, constituindo crédito fiscal não apenas o *"imposto cobrado nas operações anteriores"*, assegurado na Constituição Federal, mas também *"outros créditos fiscais do imposto admitidos pela legislação tributária"*, entre os quais, o "crédito fiscal presumido".[33]

Analisada a forma como concebida a não-cumulatividade do ICMS no ordenamento jurídico pátrio, desde sua origem até o sistema erigido sob a égide da Constituição Federal de 1988, inclusive demonstrando as previsões contidas na legislação infraconstitucional pertinente ao Estado do Rio Grande do Sul e em seu respectivo regulamento estadual, passar-se-á, então, a examinar qual a sua dimensão normativa, colhida pela doutrina tributária nacional e pela jurisprudência do Supremo Tribunal Federal.

2.2. A não-cumulatividade do ICMS na doutrina tributária nacional

Neste segundo ponto, pretende-se estabelecer um panorama da doutrina tributária nacional em relação à não-cumulatividade do ICMS, por meio da análise da lição de alguns dos mais importantes autores nacionais que dissertaram sobre o assunto, buscando alcançar os limites por eles extraídos, a partir do estudo do ordenamento jurídico brasileiro, para a dimensão normativa do instituto. É o que se passa a proceder.

---

[33] A distinção entre o crédito fiscal decorrente do *"imposto cobrado nas operações anteriores"*, assegurado pela Constituição Federal, e o "crédito fiscal presumido", instituído pela legislação estadual, será abordada no próximo ponto.

Como se verificou no primeiro ponto, dentre as alternativas possíveis (multifásico cumulativo, monofásico ou multifásico não-cumulativo[34]), a Constituição brasileira adotou inicialmente um Imposto sobre Vendas e Consignações (IVC) multifásico, isto é, que incidia sucessivamente nas operações que ocorriam desde a produção da mercadoria até o consumo final, e cumulativo, ou seja, que não admitia a compensação dos valores recolhidos em relação às operações anteriores.

Posteriormente, a Constituição Federal passou a prever um Imposto sobre Operações relativas à Circulação de Mercadorias (ICM) multifásico e não-cumulativo, ou seja, um imposto que incidia em todas as fases da cadeia produtiva, mas permitia o abatimento dos valores pagos nas operações anteriores, sistemática mantida no atual ICMS.

Pois bem, cumpre-nos analisar, agora, qual a dimensão normativa extraída pela doutrina nacional a partir do estudo da atual estrutura da não-cumulatividade do ICMS, concebida pela Constituição Federal de 1988. A não-cumulatividade integra a regra-matriz do ICMS? A previsão constitucional autorizaria afirmar que o tributo caracteriza-se como um imposto sobre o valor acrescido? Qual o seu conteúdo, na visão da doutrina tributária brasileira. São essas algumas das questões que se passa a analisar.

É patente que, ao estabelecer que o ICMS "será não-cumulativo, compensando-se o que for devido em cada operação relativa à circulação de mercadorias ou prestação

---

[34] "1. Imposto multifásico cumulativo: cobrado em cada uma das transações pelas quais a mercadoria passa desde a fonte de produção até a entrega ao consumidor. O imposto pago numa transação não é levado em conta nas subseqüentes, de modo que o ônus tributário se vai acumulando. 2. Imposto monofásico: cobrado apenas uma vez, seja do produtor, seja do atacadista, seja do varejista, em um só ponto do processo de produção e distribuição. 3. Imposto de valor acrescido: cobrado em cada transação, desde a produção até a entrega ao consumidor. O imposto recai, em cada transação, apenas sobre o valor acrescido à mercadoria pelo vendedor". (COSTA, Alcides Jorge. *ICM: Na Constituição e na Lei Complementar*. São Paulo: Resenha Tributária, 1979, p. 05-06).

de serviços com o montante cobrado[35] nas anteriores pelo mesmo ou outro Estado ou pelo Distrito Federal", a Constituição Federal fixou uma sistemática própria de apuração do imposto devido,[36] a ser instrumentalizada por meio de compensações. Esse mecanismo é bem esclarecido na lição de Melo e Lippo:

> Pela regra da não-cumulatividade, ao fim de cada período (usualmente mensal), o contribuinte é obrigado a proceder à apuração do montante do imposto correspondente aos débitos pelas suas operações de saídas de produtos industrializados, mercadorias ou prestações de serviços de transportes e comunicações, e do montante dos créditos correspondentes às operações anteriores, de bens que ingressaram no seu estabelecimento e de prestações de serviços de transporte e de comunicação que contratou. Do confronto entre ambos (débitos e créditos) resultará um saldo, que poderá ter destinação diferente, dependendo da hipótese.
>
> Caso desse confronto resulte importância superior a título de débito, ao contribuinte incumbirá recolher para o Erário, nos prazos e condições que a lei estipular, essa importância ainda devida. A não-cumulatividade repousa na existência de "operações e prestações", decorrente da simples mecânica de apuração de débitos (gerador pelas materialidades do ICMS e do IPI) e créditos (decorrentes das operações e prestações anteriores) que, num encontro de contas, permite apurar um determinado valor, que (resultado positivo para a Fazenda) deve ser oferecido à tributação. Caso o confronto resulte importância superior a título de

---

[35] Essa questão há muito já foi superada, como ensina COSTA: "O vocábulo 'cobrado' não pode ser entendido no sentido de concretamente exigido. Seria irreal pretender que o adquirente soubesse se o Estado exigiu ou não, concretamente, o ICM que incidiu sobre a operação. O sentido de cobrar só pode ser o de incidir". (COSTA, Alcides Jorge. *ICM na Constituição e na Lei Complementar*. São Paulo: Resenha Tributária, 1979, p. 156).

[36] Essa sistemática foi definida por ATALIBA e GIARDINO, ao analisarem a Constituição Federal de 1967, nos seguintes termos: "O esquema constitucional, portanto – ao mencionar 'abatimento' – pode ser visto como um processo matemático de dedução no qual, por imposição constitucional, o montante de ICM devido é o "minuendo", e o montante de ICM anteriormente cobrado é o 'subtraendo'. (Não é de surpreender, assim, que tenham prosperado as expressões 'débito', 'crédito', 'conta corrente', etc. para indicar esse fenômeno, todas elas tradutoras, numa linguagem leiga, do procedimento jurídico da compensação)" (ATALIBA, Geraldo; GIARDINO, Cléber. ICM: Abatimento Constitucional; Princípio da Não-Cumulatividade. *Revista de Direito Tributário*, v. 8, n. 29/30, p. 110-126, jul./dez. 1984, p. 117).

crédito, deverá o contribuinte transferi-la para o período seguinte a seu favor. Esta importância correspondente ao crédito advindo do período anterior será abatida dos débitos correspondentes ao período em curso, repetindo-se o ciclo.[37]

No que se refere a sua natureza, a doutrina tributária nacional caracteriza a não-cumulatividade do ICMS como "garantia constitucional de abatimento", ou "direito constitucional reservado ao contribuinte do ICM; direito público subjetivo de nível constitucional, oponível ao Estado pelo contribuinte do imposto estadual",[38] como qualifica Ataliba e Giardino.

No magistério de Melo e Lippo, essa *"garantia constitucional de abatimento"* – prevista na Constituição Federal de 1988 para realizar-se por meio de compensações –,

[...] reporta-se, de um lado, ao dever jurídico a que se submete o contribuinte, de apurar o montante do imposto a apagar mediante o confronto entre as importâncias do tributo oriundas das suas operações de circulação de mercadorias e prestações de serviços de transporte e de comunicações, em certo período, com as quantias do mesmo tributo oriundas de todas as operações anteriores realizadas por produtores, industriais, comerciantes, importadores e prestadores de serviços, que foram objeto de suas aquisições nesse mesmo período, e de outro lado, a impossibilidade do sujeito ativo de opor qualquer restrição ao crédito levado a efeito pelo contribuinte.[39]

De fato, como se infere a partir da doutrina majoritária, a norma da não-cumulatividade do ICMS, na redação do texto constitucional, é impositiva, ou seja, prescreve um procedimento que, necessariamente, deve ser exercido.[40]

---

[37] MELO, José Eduardo Soares de; LIPPO, Luiz Francisco. *A Não-Cumulatividade Tributária*. São Paulo: Dialética, 1998, p. 124.

[38] ATALIBA, Geraldo; GIARDINO, Cléber. ICM: Abatimento Constitucional; Princípio da Não-Cumulatividade. *Revista de Direito Tributário*, v. 8, n. 29/30, p. 110-126, jul./dez. 1984, p. 116.

[39] MELO, José Eduardo Soares de; LIPPO, Luiz Francisco. *A Não-Cumulatividade Tributária*. São Paulo: Dialética, 1998, p. 123.

[40] "O creditamento não é faculdade do contribuinte, mas dever para com a ordem jurídica objetiva, tanto que não lhe é possível renunciar ao lançamento do crédito do imposto, ainda quando isto fosse conveniente. Nem a lei poderia autorizá-lo

Caracteriza-se, ainda, como uma norma constitucional de eficácia plena e aplicabilidade imediata,[41] não dependendo da edição de normas infraconstitucionais para que atue em toda sua integralidade.

No dizer de Ataliba e Giardino, trata-se de uma "diretriz constitucional imperativa":

> A afirmação constitucional "abatendo-se", na verdade, introduz um processo de abatimento, um mecanismo de dedução. Não se trata de mera recomendação, ou de simples sugestão alvitrada pelo legislador constituinte – que a lei pudesse ou não acatar. Na verdade, as Constituições não têm esse cunho sugestivo. O método do abatimento é diretriz constitucional imperativa; e forma inexorável pela qual se chega a um ICM "não-cumulativo", no sentido que a Constituição brasileira a essa expressão emprestou. Em essência, é o critério constitucional pelo qual, juridicamente, se constrói a chamada não-cumulatividade do ICM (como, isto sim, esteve nítida na mente dos juristas Ulhôa Canto e Gomes de Sousa, que a engendraram).[42]

Nesse sentido, o escólio da doutrina de Melo e Lippo sobre o assunto:

> Aplicar o princípio da não-cumulatividade não é mera sugestão do legislador constituinte. Antes, pelo contrário. Trata-se de um comando indisponível, que vinculo o contribuinte e o Estado, para a manutenção da ordem econômica instituída no Texto Supremo. O agente realizados das operações sujeitas ao IPI e ao ICMS, com reflexos na Cofins, não possui a faculdade de creditar-se do imposto incidente nas anteriores operações. Não lhe foi outorgada uma possibilidade. O dispositivo constitucional manda, impõe, determina que se faça a apropriação dos créditos para, com eles, proceder-se à "compensação". É uma obrigação que comete cada um dos agentes partícipes do ciclo da circulação de mercadorias e prestação de serviços. A própria fiscalização tem o dever de conferir a exata aplicação do comando constitucional. Não é

---

a tanto, sob pena de inconstitucionalidade" (Recurso Extraordinário n° 111.757 – SP, STF, 2ª Turma, Rel. Min. Célio Borja, DJ 26-02-1988).

[41] SILVA, José Afonso da. *Aplicabilidade das Normas Constitucionais.* São Paulo: Revista dos Tribunais, 1968, p. 94.

[42] ATALIBA, Geraldo; GIARDINO, Cléber. ICM: Abatimento Constitucional; Princípio da Não-Cumulatividade. *Revista de Direito Tributário*, v. 8, n. 29/30, p. 110-126, jul./dez. 1984, p. 115.

cabível que se alimente a cultura de que a não apropriação dos créditos melhora a receita tributária para o Erário. Isto porque o Estado não tem disponibilidade sobre esses créditos. Eles pertencem unicamente àqueles que adquirem mercadorias e serviços de transporte interestaduais e intermunicipais e de comunicação.[43]

No entender de Martins, quatro foram, então, as técnicas de arrecadação eleitas pela Constituição Federal de 1988 para concretizar essa sistemática de compensações relativas ao ICMS:

A Constituição de 1988 instituiu, para o ICMS, quatro técnicas diversas de arrecadação, ou seja, a não-cumulativa, a monofásica, a da substituição tributária por antecipação – que pode implicar uma não-cumulatividade mitigada – e a cumulativa.
A técnica geral é a da não-cumulatividade. Não havendo expressa exclusão constitucional, é o regime exposto no inciso I do § 2º do artigo 155, com a seguinte redação:
[...]
Sempre que a própria Constituição não a exclua ou excepcione, a técnica a ser adotada é a "não-cumulativa".
Há três exceções, todavia, à referida forma de exigência.
A primeira foi introduzida pela E. C. nº 3/93 e diz respeito à denominada "substituição tributária para a frente". [...]
A esta técnica do § 7º do artigo 150, na versão da Suprema Corte, é que denomino de "não-cumulatividade mitigada", porque, em parte, o tributo é não-cumulativo, e, em parte, há uma incidência não-compensável, que é o "quantum" recolhido a mais, no início, e não devolvido ao final, quando as operações subseqüentes são realizadas por valores menores do que os que serviram para a retenção do tributo pelo substituto.
A terceira técnica da arrecadação prevista na Constituição é a técnica monofásica, isto é, aquela em que há uma tributação única e exclusiva, sem prever repercussão ou dedução futura. Encontra-se, por exemplo, na letra "h" do inciso XII do artigo 155 da Constituição Federal, com a seguinte redação:
[...]
Tal técnica foi introduzida pela E.C. nº 33/01.
Por fim, há a técnica cumulativa, que se encontra exposta no inciso II do § 2º do artigo 155, assim redigido:

---

[43] MELO, José Eduardo Soares de; LIPPO, Luiz Francisco. *A Não-Cumulatividade Tributária*. São Paulo: Dialética, 1998, p. 135.

[...]
Como a isenção, no direito pátrio, implica o nascimento da obrigação tributária e não nascimento do crédito tributário respectivo, por força do disposto no artigo 175 do CTN assim redigido:
[...]
O crédito escritural correspondente ao nascimento da obrigação não pode ser aproveitado, sendo, neste particular, "cumulativa" a técnica de arrecadação do ICMS.

O certo, todavia, para concluir este primeiro aspecto, é que a "não-cumulatividade" é a técnica de imposição e arrecadação geral – sempre que não excepcionada – de obrigatória imposição ao legislador ordinário, sendo direito do contribuinte usufruir seus benefícios. As demais técnicas só podem ser utilizadas quando expressamente previstas nos casos de exceção mencionados no texto constitucional.[44]

E o método adotado pela Constituição Federal para consagrar a não-cumulatividade do ICMS, como assente na doutrina tributária, é o *"tax on tax"* (imposto sobre imposto), em detrimento do *"base on base"* (base sobre base):[45]

---

[44] MARTINS, Ives Gandra da Silva. As Técnicas de Arrecadação Admitidas no ICMS. Revista Dialética de Direito Tributário, n. 95, p. 96-99, ago. 2003.

[45] "Dentro dos três tipos já assinalados (renda, consumo e produto bruto) e da forma financeira de cálculo, podem distinguir-se ainda dois métodos de cálculo do valor acrescido: o de adição e o de subtração.

O método da adição consiste em somar todos os componentes do valor acrescido de uma empresa num período dado: salários, juros, lucro líquido, depreciações, etc.

O método da subtração admite duas variantes: o de base sobre base e o do imposto sobre imposto.

Pelo método de subtração variante base sobre base, o valor acrescido resulta da diferença entre o montante das vendas e o das aquisições no mesmo período.

Pelo método de subtração variante imposto sobre imposto, o valor acrescido obtém-se deduzindo do imposto a pagar o imposto que incidiu sobre os bens adquiridos no mesmo período. Desnecessário acrescentar que, em qualquer das variantes, as deduções dependem do tipo de imposto: renda, consumo, produto bruto.

O método geralmente usado é o de imposto sobre imposto. O método de subtração base sobre base foi perfilhado pela lei japonesa aprovada em 1950 e que foi revogada sem jamais ter sido aplicada.

[...]

Como adverte COSCIANI, pode-se dizer, de modo geral, que no método imposto sobre imposto, a alíquota das fases ulteriores exerce influência nas fases precedentes, enquanto que, no método base sobre base, o efeito da alíquota cir-

Conforme vemos, a Constituição submeteu o ICMS ao sistema "imposto contra imposto", e não o sistema "mercadoria contra mercadoria". Desta forma, o contribuinte, para calcular o montante de ICMS a recolher, deve subtrair, periodicamente, de todos os débitos (causados por saídas de mercadorias, bens e serviços tributáveis), todos os créditos (provenientes de entradas de mercadorias, bens e serviços tributáveis). Se o resultado for negativo, isto é, se os créditos forem superiores aos débitos, há saldo credor a transferir para o período de apuração subseqüente.[46]

Desse modo, a não-cumulatividade do ICMS prescinde da consideração do bem cuja tributação gera crédito a ser compensado quando do surgimento do débito do imposto. O crédito de ICMS deriva da aquisição, por contribuinte, de bem tributado, não havendo que se perquirir sobre a identificação do bem que sofreu a incidência do imposto para se cogitar do direito ao creditamento.

Diverge, no entanto, a doutrina tributária, ao definir o regime de compensações escolhido pelo Poder Constituinte originário de 1988 para implementar a não-cumulatividade do ICMS: tratar-se-á da "dedução física" (crédito físico) ou da "dedução financeira" (crédito financeiro)?[47]

As características de cada um, na lição de Machado, são expostas nos seguintes termos:

cunscreve-se à operação a que foi aplicada. Disto decorre que, utilizado o método imposto sobre imposto, uma alíquota inferior ou uma isenção no curso do ciclo a que está sujeito o produto, não beneficia o consumidor, porque a diferença é recuperada pelo fisco através da aplicação da alíquota mais elevada nas operações posteriores. É o chamado efeito de recuperação. Desnecessário acrescentar que, no método base sobre base, as reduções de alíquotas ou isenções em operações intermediárias beneficiam o consumidor final. O efeito de recuperação tem seu lado positivo, uma vez que permite saber, com exatidão, qual o ônus tributário de cada produto, na hipótese de necessidade de uma desoneração total, como nas exportações". (COSTA, Alcides Jorge. *ICM na Constituição e na Lei Complementar.* São Paulo: Resenha Triburária, 1978, p. 26-27)

[46] CARRAZZA, Roque Antonio. *ICMS.* 7. ed. São Paulo: Malheiros, 2001, p. 242.

[47] "É muito comum ouvir-se falar em dedução física e dedução financeira. Trata-se de terminologia oriunda da doutrina francesa que tinha em vista a legislação daquele país: a dedução física diz respeito ao imposto incidente sobre os ingredientes físicos do produto e a dedução financeira, ao tributo que recai sobre os bens instrumentais". (COSTA, Alcides Jorge. *ICM na Constituição e na Lei Complementar.* São Paulo: Resenha Triburária, 1978, p. 27)

Entende-se como regime do crédito financeiro aquele no qual todos os custos, em sentido amplo, que vierem onerados pelo ICMS, ensejam o crédito respectivo. Sempre que a empresa suporta um custo, seja ele consubstanciado no preço de um serviço, ou de um bem, e quer seja este destinado à revenda, à utilização como matéria-prima, produto intermediário, embalagem, acondicionamento, ou mesmo ao consumo ou à imobilização, o ônus do ICMS respectivo configura como um crédito desse imposto.[48]

De outro modo:

Entende-se como regime do crédito físico aquele segundo o qual somente geram créditos as entradas de bens que se destinem a sair do estabelecimento, tal como entraram ou a integrarem, fisicamente, o produto em cuja fabricação constituem insumo.[49]

No mesmo sentido, a distinção apontada por Torres:

Os impostos podem adotar o sistema do crédito físico, em que se deduzem do imposto a pagar as quantias correspondentes aos tributos que anteriormente incidiram sobre as mercadorias empregadas fisicamente na industrialização ou comercialização; ou o do crédito financeiro, em que se deduzem todas as despesas necessárias à produção do bem.[50]

O valor dessa classificação é revelado, entre outros, na garantia ou não – de acordo com a postura adotada –, aos créditos de ICMS relativos aos produtos destinados ao uso e consumo e aos bens integrantes do ativo permanente do contribuinte. Senão veja-se.

A Constituição Federal de 1988 consagra, em seu artigo 155, § 2º, inciso I, a não-cumulatividade do ICMS, determinando que: "será não-cumulativo, compensando-se o que for devido em cada operação relativa à circulação de

---

[48] MACHADO, Hugo de Brito. *Aspectos Fundamentais do ICMS*. São Paulo: Dialética, 1997, p. 131.

[49] MACHADO, Hugo de Brito. ICMS: créditos relativos a energia elétrica e serviço de comunicação. In: ROCHA, Valdir de Oliveira (Coord.). *O ICMS e a LC 102*. São Paulo: Dialética, 2000, p. 94.

[50] TORRES, Ricardo Lobo. O IVA no Direito Comparado. In: MARTINS, Ives Grandra da Silva (Coord.). *O Princípio da Não-Cumulatividade*. São Paulo: Revista dos Tribunais; Centro de Extensão Universitária, 2004, p. 147.

mercadorias ou prestação de serviços com o montante cobrado nas anteriores pelo mesmo ou outro Estado ou pelo Distrito Federal".[51]

Dessa forma, caso se adote entendimento no sentido que o regime de dedução eleito pelo Texto Constitucional para implementar a não-cumulatividade do ICMS tenha sido o da dedução "financeira", a norma constitucional somente será atendida na medida em que se assegure a apropriação dos créditos relativos aos produtos destinados ao uso e consumo e aos bens que integram o ativo permanente do contribuinte (Ataliba,[52] Giardino,[53] Greco,[54] Mattos,[55] Arzua,[56] Derzi,[57] Coelho,[58] Melo,[59] entre outros).

De fato, não há dúvida de que os custos relativos aos produtos destinados ao uso e consumo, assim como dos bens que integram o ativo permanente do contribuinte, compõem o valor final da operação por meio da qual as mercadorias produzidas pelo contribuinte sairão de seu estabelecimento, de modo que serão submetidos à incidência do ICMS.

---

[51] BRASIL. Constituição da República Federativa do Brasil de 1988. *Diário Oficial [da] República Federativa do Brasil*, Brasília, DF, 05 out. 1988. Disponível em: https://www.planalto.gov.br/ccivil_03/Constituicao/ Constituiçao.htm. Acesso em: 28 jul. 2006.

[52] ATALIBA, Geraldo; GIARDINO, Cleber. ICM e IPI Direito de Crédito: produção de mercadorias isentas ou sujeitas à alíquota zero. *Revista de Direito Tributário*, v.12, n.46, p.73-89, out./dez. 1988.

[53] Ibidem.

[54] GRECO, Marco Aurélio. ICMS: Material e Princípios Constitucionais. In: MARTINS, Ives Gandra da Silva (Coord.). *Curso de Direito Tributário*. 5. ed. São Paulo: CEJUP, 1997, p. 165.

[55] MATTOS, Aroldo Gomes de. ICMS: o montante dos créditos compensáveis. In: *ICMS: Problemas jurídicos*. São Paulo: Dialética, 1996, p. 35.

[56] ARZUA, Heron. Créditos de ICMS e IPI. *Revista de Direito Tributário*, n. 64, p.255-261, abr./jun. 1994.

[57] DERZI, Misabel Abreu Machado; COELHO, Sacha Calmon Navarro. Compensação de Créditos no ICMS e o Princípio da Não-Cumulatividade. *Cadernos de Direito Tributário e Finanças Públicas*, v.4, n.14, p.56-74, jan./mar. 1996.

[58] Ibidem.

[59] MELO, José Eduardo Soares de. *O Imposto sobre Produtos Industrializados, IPI, na Constituição de 1988*. São Paulo: Revista dos Tribunais, 1991, p. 91-92.

No entanto, os custos relativos aos produtos destinados ao uso e consumo e dos bens integrantes do ativo permanente do contribuinte já foram submetidos à incidência do ICMS na operação anterior, de que decorreu o seu ingresso no estabelecimento.

Nesse contexto, havendo a Constituição Federal de 1988 consagrado o regime da dedução "financeira", a única maneira para fazer atuar a não-cumulatividade do ICMS, evitando que os custos relativos aos produtos destinados ao uso e consumo e dos bens integrantes do ativo permanente sejam submetidos à dupla incidência do imposto, é assegurar o direito de apropriação ao crédito relativo a sua entrada no estabelecimento.

Desse modo, garante-se que o ICMS incidirá uma única vez sobre o custo dos produtos destinados ao uso e consumo e dos bens integrantes do ativo permanente do contribuinte, já que, na operação de saída da mercadoria produzida, o débito do ICMS decorrente da incidência do imposto sobre a parcela do valor da operação correspondente a estes produtos e bens será compensado com o crédito do ICMS decorrente de sua entrada estabelecimento do contribuinte.

Implementada estará, assim, a não-cumulatividade do ICMS sob o regime da dedução "financeira", na medida em que se compensará o que é devido na operação relativa à circulação de mercadorias de que decorre a saída da mercadoria produzida pelo contribuinte de seu estabelecimento com o montante cobrado nas operações anteriores, relativas à entrada dos produtos destinados ao uso e consumo e dos bens integrantes de seu ativo permanente.

De outra forma, caso se entenda que o regime de dedução eleito pelo Texto Constitucional para implementar a não-cumulatividade do ICMS haja sido o da dedução "física", somente estará apto a gerar crédito o imposto incidente sobre as entradas de produtos que venham a integrar a mercadoria que, posteriormente, saírem do estabelecimento com a sua incidência. Somente o produto que tome parte do processo produtivo, sendo consumido ou integrado ao produto final, como elemento indispensável a sua composição, gerará direito ao crédito do tributo.

Analisando o tema, parece não haver sido esse último o caminho trilhado pelo legislador constitucional de 1988.[60]

De fato, a não-cumulatividade do ICMS, na forma prevista constitucionalmente, consubstancia-se no direito de o contribuinte compensar o que for devido em cada operação relativa à circulação de mercadorias com o montante cobrado nas operações anteriores, como demonstrado anteriormente.

E o montante cobrado nas operações anteriores por certo que será o imposto incidente sobre o "valor da operação", que não compreende apenas o custo dos produtos e mercadorias que integraram fisicamente o produto ou que foram consumidos no processo produtivo, mas também o custo de todo e qualquer produto ou mercadoria que ingressou no estabelecimento do contribuinte e que seja utilizado em seu processo produtivo, ainda que não se integrando fisicamente ao produto final ou sendo consumido no processo produtivo. Por isso, na saída da mercadoria produzida pelo contribuinte de seu estabelecimento, o ICMS incidirá também sobre o custo dos produtos destinados ao uso e consumo e dos bens integrantes de seu ativo permanente.

Assim, para que o ICMS seja, de fato, um imposto não-cumulativo, como determina a Constituição Federal,

---

[60] Cumpre destacar que o posicionamento que vem sendo consagrado pelo Supremo Tribunal Federal, quanto ao tema, no julgamento da Ação Direta de Inconstitucionalidade n° 2325, é distinto, na medida que, como se demonstrará no ponto seguinte, o Pretório Excelso, no julgamento da Medida Cautelar requerida na Ação, adotou entendimento no sentido de que: *i*) a Constituição Federal de 1988 não estabeleceu o regime de compensação necessário à implementação da não-cumulatividade do ICMS; e *ii*) dessa forma, havendo previsto que a regulamentação do "regime de compensação do imposto" cabe à lei complementar, *"nada impede que lei complementar fixe um novo critério"*.

há que se permitir ao contribuinte apropriar-se do crédito de ICMS decorrente da entrada dos produtos destinados ao uso e consumo e dos bens destinados a seu ativo permanente em seu estabelecimento.

De outra forma, não se estará compensando com o ICMS devido na operação relativa à saída da mercadoria do estabelecimento do contribuinte o imposto que foi cobrado nas operações anteriores.

Destarte, a única maneira de assegurar a não-cumulatividade do ICMS, fazendo com que o imposto devido em cada operação relativa à circulação de mercadorias seja efetivamente compensado com o montante cobrado nas operações anteriores, como expressamente determina inciso I do § 2º do artigo 155 da Constituição Federal, será garantir o direito à apropriação dos créditos de ICMS relativos aos produtos destinados ao uso ou consumo e aos bens integrantes do ativo permanente do contribuinte, tendo em vista que seu custo comporá o "valor da operação" relativa à saída da mercadoria produzida, sobre o qual incidirá o imposto.

Vale recordar que, tratando-se de uma norma constitucional, como se demonstrou, a Lei Complementar referida no inciso XII do § 2º do artigo 155 da Constituição Federal, mesmo que destinada a *"disciplinar o regime de compensação do imposto"*, não pode inovar, instituindo restrições à não-cumulatividade do ICMS.

Isso porque as únicas restrições à tomada de créditos do ICMS pelo contribuinte são aquelas previstas no inciso II do § 2º do artigo 155 da Constituição Federal, quais sejam, *"a isenção ou não-incidência"*.

Revelar-se-á, portanto, absolutamente inconstitucional a Lei Complementar que instituir quaisquer restrições outras à não-cumulatividade do ICMS, distintas daquelas previstas no Texto Constitucional.

Nesse sentido, o ensinamento de Carrazza:

Reafirmamos que, operando sobre uma base constitucional, o legislador não pode manipular livremente o princípio da não-cumulatividade. Como corolário disso, são inconstitucionais as restrições legislativas ao pleno desfrute do direito de crédito do ICMS.
Nem mesmo a lei complementar pode criar obstáculos ou de alguma maneira inovar na regulação deste direito, que foi exaustivamente disciplinado pelo Texto Magno.
De fato, a lei complementar, ao "disciplinar o regime de compensação do imposto" (art. 155, § 2º, XII, c, da CF), não pode interferir no conteúdo e no alcance da regra da não-cumulatividade. Deve, apenas operacionalizar documentalmente um sistema de escrituração em que, considerado certo lapso de tempo, é registrado, de um lado, o imposto devido e, de outro, a expressão financeira do abatimento correspondente.
[...]
Aprofundando o raciocínio, ela só pode cuidar da forma de execução do regime de compensação. A Constituição não lhe atribuiu a possibilidade de vedar a apropriação de créditos. Voltamos a insistir que as vedações são apenas as referidas no art. 155, § 2º, II, a e b, da CF, que a legislação poderá atenuar ou, mesmo, ilidir; nunca ampliar.
Deste modo, apresenta-se tisnada de inconstitucionalidade a legislação que estabelece não acarretar crédito, para compensação com o montante do imposto nas operações ou prestações seguintes: a) a entrada de bens destinados a uso e consumo ou para integrar o ativo fixo do contribuinte; b) a entrada de mercadorias ou produtos que, utilizados no processo industrial, nele sejam consumidos ou desgastados ou não integrem a composição do produto final; e c) o valor do imposto referente aos serviços de transporte e de comunicação (mesmo quando não utilizados pelo estabelecimento ao qual tenham sido prestados na execução de serviços da mesma natureza, na comercialização de mercadorias ou em processo de produção, extração, industrialização ou geração de energia).[61]

Examinado o regime de dedução eleito pelo Poder Constituinte originário de 1988 para implementar a não-cumulatividade do ICMS, cumpre analisar o posicionamento da doutrina tributária acerca da caracterização do imposto, diante de sua sistemática, como um tributo sobre o valor agregado.

[61] CARRAZZA, Roque Antônio. *ICMS*. 7. ed. São Paulo: Malheiros, 2001, p. 260-1.

Ataliba e Giardino, quanto ao tema, adotaram entendimento no sentido de que, incidindo o ICMS em razão da ocorrência de "operações" e não "operações lucrativas", não há que se falar em imposto sobre valor agregado:

> Em outras palavras: quem sustenta que a base tributável é o "valor acrescido" – o que é o mesmo que afirmar que o imposto é, juridicamente, sobre o "valor agregado" – não pode sustentar concomitantemente que a materialidade da hipótese de incidência seja a simples operação, mas deveria dizer consistir ela na "operação com lucro", vislumbrando, assim, entidade distinta da constitucionalmente posta. Esse imposto (sobre o valor agregado) não é o ICM nosso. Não está na nossa Constituição. Nela está o ICM, que incide sobre o valor da operação com mercadoria, não importa se com ou sem agregação de valor.[62]

Dessa forma, para eles, a não-cumulatividade do ICMS constitui uma relação jurídica autônoma em relação à regra-matriz do imposto, que decorre da previsão constitucional:

> Como já visto, com essa configuração, o abatimento constitucional traduz uma dedução ulterior (e independente) ao próprio processo de apuração do ICM; aos mecanismos de liquidação do quantum debeatur. Não atina ao procedimento de determinação da base imponível, já que nada, logicamente, tem a ver com o "valor da operação" tributada. Não se confunde com o processo de lançamento tributário (o procedimento de fixação do valor do "imposto devido") porquanto é absolutamente irrelevante, no momento dessa apuração, o montante do imposto cobrado nas anteriores. O abatimento é externo, alheio à base de cálculo, ao "elemento quantitativo da hipótese de incidência", como o designa Paulo de Barros Carvalho. O montante da obrigação tributária é fixado pela simples aplicação da alíquota sobre a base: o valor da operação submetida ao tributo. Só em momento lógica e cronologicamente posterior – na eventual fixação da "base liquidable" – é que se cogitará da compensação de outros valores (oponíveis ao ICM devido) destarte, quando já constituído, em grandeza determinada, o crédito tributário desse imposto. Daí a coerência dos autores dos anteprojetos da EC 18/65 e do Código Tributário Nacional – Ulhôa Canto e Gomes de Sou-

---

[62] ATALIBA, Geraldo; GIARDINO, Cléber. ICM: Abatimento Constitucional; Princípio da Não-Cumulatividade. *Revista de Direito Tributário*, v. 8, n. 29/30, p. 110-126, jul./dez. 1984, p. 118.

za – quando fixaram como base de cálculo do ICM o valor da operação posta no núcleo da sua hipótese de incidência.[63]

Na mesma linha, entendendo não se tratar o ICMS de um imposto sobre valor agregado, a lição de Borges:

> Não se deve portanto caracterizar o ICMS como um imposto sobre o valor acrescido. A agregação de valor não é elemento essencial à integração da hipótese de incidência do ICM. Não configura "elemento financeiro" essencial do aperfeiçoamento do suporte fático da regra jurídica de tributação. Do contrário, como observa Brockstedt, numa venda de mercadoria baixo do preço de custo, o contribuinte não teria nem mesmo que debitar-se sobre o valor da saída, porque faltar-lhe-ia "o elemento financeiro do fato gerador".[64]

No mesmo sentido, adotando entendimento de que a não-cumulatividade do ICMS não integra a regra-matriz do imposto, o magistério de Melo:

> É certo que a "não-cumulatividade", além de não consubstanciar natureza tributária, não integra a estrutura do ICM, tendo operatividade em momento posterior à configuração do débito tributário. Não se confunde com a base imponível (aspecto integrante da norma de incidência tributária), posto que a compensação dos débitos, com os créditos, é elemento estranho à quantificação do tributo.[65]

Melo refere, ainda, a lição de Paulo de Barros Carvalho, segundo o qual:

> [...] o comando constitucional da não cumulatividade no arcabouço do plano normativo do ICM, está jungido tão somente ao método de consideração do valor periódico de cada recolhimento. Nada tem a ver com a base de cálculo, que se congrega à alíquota para determinar o signo patrimonial, correlativo à incidência tributária, em cada operação.[66]

Aduz que:

---

[63] ATALIBA, Geraldo; GIARDINO, Cléber. ICM: Abatimento Constitucional; Princípio da Não-Cumulatividade. *Revista de Direito Tributário*, v. 8, n. 29/30, p. 110-126, jul./dez. 1984, p. 118.

[64] BORGES, Souto Maior. *Lei Complementar Tributária*. São Paulo: Revista dos Tribunais, 1975, p. 160-161.

[65] MELO, José Eduardo Soares de. *ICMS: teoria e prática*. 7. ed. São Paulo: Dialética, 2004, p. 214.

[66] Ibidem.

[...], o fato de se apurar um valor financeiro menor do que o correspondente ao débito do ICMS não significa cogitar-se de imposto do tipo valor acrescido" e menciona a doutrina de Souto Maior Borges, no sentido de que "a agregação de valor não é elemento essencial à integração da hipótese de incidência do ICM. Não configura "elemento financeiro" essencial do aperfeiçoamento do suporte básico da regra jurídica de tributação. Do contrário, como observa Brockstedt, numa venda de mercadoria abaixo do preço de custo, o contribuinte não teria nem mesmo que debitar-se sobre o valor da saída, porque faltar-lhe-ia "o elemento financeiro do fato gerador".[67]

Ao ver de Melo,

[...] o ICMS incide, recai e grava materialidade contida na Constituição, e descrita pelo legislador ordinário − "operação (jurídica) relativa à circulação de mercadorias e prestação de serviços de transporte interestadual/intermunicipal e de comunicações" − quantificada mediante a aplicação de uma alíquota sobre a base imponível, ou seja, um valor (tributário) líquido e certo.[68]

O mesmo entendimento pode ser extraído de Arzua:

A Constituição alude a cada operação relativa à circulação de mercadorias ou prestação de serviços e compensação do montante cobrado nas (operações ou prestações) anteriores, sem registrar, em nenhum momento, que ditas operações ou prestações devem estar ligadas ou dizer respeito à mesma mercadoria ou ao mesmo serviço que o contribuinte impulsiona em direção consumo ou ao uso.[69]

De fato, a Constituição Federal de 1988 atribui ao contribuinte o direito de compensar "o que for devido em cada operação relativa à circulação de mercadorias ou prestação de serviços com o montante cobrado nas anteriores pelo mesmo ou outro Estado ou pelo Distrito Federal",[70] estabe-

---

[67] MELO, José Eduardo Soares de. *ICMS: teoria e prática*. 7. ed. São Paulo: Dialética, 2004, p. 214.
[68] Ibidem.
[69] ARZUA, Heron. Créditos de ICMS e IPI. *Revista de Direito Tributário*, n. 64, p. 255-261, abr./jun. 1994 p. 256.
[70] BRASIL. Constituição da República Federativa do Brasil de 1988. *Diário Oficial [da] República Federativa do Brasil*, Brasília, DF, 05 out. 1988. Disponível em: https://www.planalto.gov.br/ccivil_03/Constituicao/ Constituiçao.htm. Acesso em: 28 jul. 2006. Art. 155, § 2º, I.

lecendo uma relação crédito/débito independente da mercadoria ou serviço que os gerou.

A não-cumulatividade no ICMS realiza-se, assim, por meio do registro das operações realizadas em um determinado espaço de tempo. A partir do cálculo dos valores correspondentes a essas operações, apura-se o ICMS a ser recolhido. Havendo débitos superiores aos créditos no período, haverá imposto a recolher. Caso contrário, não haverá tributo a ser recolhido e os créditos que excederam os débitos serão transferidos para o período seguinte de apuração.

Diante disso, também Carrazza compartilha do entendimento de Ataliba e Giardino, acima exposto, no sentido de que, incidindo sobre "operações" e não "operações lucrativas", o ICMS não configura um imposto sobre valor agregado:

> É por esse motivo que dizemos que uma das hipóteses de incidência do ICMS é "realizar operações relativas à circulação de mercadorias" (e, não, "realizar operações, com lucro, relativas à circulação de mercadorias").
> Vai daí dizer que, juridicamente, o ICMS não é um imposto sobre o valor agregado. Só para registro, o imposto sobre o valor agregado caracteriza-se, nos patamares do Direito, por incidir sobre a parcela acrescida, ou seja, sobre a diferença positiva de valor que se verifica entre duas operações em seqüência, alcançando o novo contribuinte na justa proporção do que ele adicionou ao bem. Não é o caso do ICMS, que grava o valor total da operação.
> Realmente, se a base de cálculo (que mede o fato jurídico tributário) do ICMS é o valor da operação (ou da prestação) realizada, resulta claro que este imposto não pode incidir sobre o valor acrescentado em relação à anterior (sob pena de descumprida a primordial função dimensionadora desta mesma base de cálculo).
> Fosse o ICMS um tributo sobre o valor acrescido, havendo operação "abaixo do custo", o contribuinte não precisaria debitar-se sobre o valor da saída, já que não estaria presente, no caso, o elemento quantificador do fato imponível, ou seja a agregação de valor.
> Este argumento, diga-se de passagem, foi desenvolvido por José Souto Maior Borges:

"[...] além de não estar contemplada na legislação respectiva a operação de circulação de mercadoria que não agregue valor à mercadoria, como hipótese de não-incidência, a exigência de valor agregado levaria ao absurdo de não estar o contribuinte obrigado sequer a debitar-se do imposto quando da saída da mercadoria com prejuízo, porque, não tendo havido agregação de valor, não se aperfeiçoaria o fato gerador (hipótese de incidência) do imposto".

"Não se deve portanto caracterizar o ICMS como um imposto incidente sobre o valor acrescido. A agregação de valor não é "elemento" essencial à integração da hipótese de incidência do ICMS. Não configura um "elemento financeiro" essencial ao aperfeiçoamento do suporte fático da regra jurídica de tributação. Do contrário, [...] numa venda de mercadoria abaixo do preço de custo, o contribuinte não teria nem mesmo que debitar-se sobre o valor da saída, porque faltar-lhe-ia "o elemento financeiro do fato gerador".

Não passa, pois de técnica de tributação, peculiar ao ICMS (que, em absoluto, não interfere em sua base de cálculo", a apuração do saldo devedor (ou credor) – por meio da diferença entre o imposto relativo às saídas e o correspondente às entradas de mercadorias, bens ou serviços –, que apenas assegura ao contribuinte a fruição do direito constitucional de abater, do "quantum" do imposto a seu cargo, o "montante cobrado nas anteriores pelo mesmo ou por outro Estado ou pelo Distrito Federal" (art. 155, § 2º, I, da CF).[71]

Ao seu ver, então, a não-cumulatividade do ICMS "operacionaliza-se por meio da compensação entre débitos e créditos na escrituração fiscal",[72] simplesmente, não integrando a regra-matriz de incidência do imposto.

No mesmo caminho, o escólio da doutrina de Melo e Lippo:

Mas do ponto de vista jurídico não há como se admitir a afirmação de que o princípio da não-cumulatividade trata da incidência do tributo sobre o valor acrescido em cada operação. Isto porque quando o Texto Constitucional estabelece que o ICMS é um tributo que incide sobre operações de circulação de mercadorias e sobre a prestação de serviços de transportes interestaduais e intermunicipais e de comunicações, nada mais há que se possa deduzir. Se, como demonstramos alhures, a não-cumulatividade é alheia à regra-matriz de incidência tributária do

---

[71] CARRAZZA, Roque Antonio. *ICMS*. 7. ed. São Paulo: Malheiros, 2001, p. 239-240.
[72] Ibidem, p. 243.

ICMS, só se pode concluir que do âmbito estritamente jurídico-tributário, o imposto estadual incide integralmente sobre cada uma das operações realizadas. [...]
A técnica da não-cumulatividade, como se verá minudemente, incide em momento posterior à constituição da obrigação tributária. Daí a sua complexidade, que tanto martiriza juristas e economistas.[73]

Pode-se, contudo, analisar a não-cumulatividade do ICMS sob outro ângulo, permitindo-se afirmar que a Constituição Federal, ao atribuí-la ao antigo ICM e mantê-la no atual ICMS, criou, sim, um imposto sobre valor agregado. Senão veja-se.

O principal argumento que se extrai dos posicionamentos expostos acima, no sentido da impossibilidade de a não-cumulatividade caracterizar o ICMS como um imposto sobre valor agregado, parece ser a de que o instituto não integra a regra-matriz do tributo, ou seja, no dizer de Ataliba e Giardino, "o direito de abater é instrumentalizado no bojo de relação jurídica autônoma, de objeto pecuniário (não tributário), na qual como sujeito-pretensor figura o contribuinte, sendo o sujeito-obrigado o Estado, titular do crédito tributário contrastante".[74]

Na visão de Ataliba e Giardino, a circunstância de a não-cumulatividade do ICMS não condicionar a ocorrência do fato gerador do imposto à existência de valor acrescido na operação relativa à circulação de mercadorias ou à prestação de serviço – já que incide independentemente de se verificar "lucro" –, como faria se integrasse a regra-matriz do tributo, evidenciaria não se tratar de um imposto sobre valor agregado.

Para os autores referidos, então, somente se o fato gerador da obrigação tributária relativa ao ICMS fosse a

---

[73] MELO, José Eduardo Soares de; LIPPO, Luiz Francisco. *A Não-Cumulatividade Tributária*. São Paulo: Dialética, 1998, p. 115.

[74] ATALIBA, Geraldo; GIARDINO, Cléber. ICM: Abatimento Constitucional; Princípio da Não-Cumulatividade. *Revista de Direito Tributário*, v. 8, n. 29/30, p. 110-126, jul./dez. 1984, p. 125.

realização de "operação com lucro",[75] haveria que se dizer que o imposto incide sobre o valor agregado, o que apenas seria possível de se aferir, operação à operação, por meio do método "*base on base*" (base sobre base).

No entanto, basta que se faça um exercício de conjetura para se verificar que, se o legislador houvesse optado pelo referido método, tratar-se-ia de uma sistemática ainda mais complexa do que a adotada pelo legislador constitucional de 1988. Mais, tal técnica evidentemente acarretaria sensíveis prejuízos aos contribuintes, na medida em que somente permitiria a utilização dos créditos relativos às entradas dos insumos depois das saídas das mercadorias ou prestações dos serviços, uma vez que, antes disso, não haveria como se dimensionar o "valor agregado" na operação, a justificar a tributação.

Pois bem, o que fez o legislador diante desse impedimento?

Nitidamente, não mais desejando impingir aos contribuintes o ônus de um tributo incidente "em cascata", adotou, para o ICMS, uma sistemática de não-cumulatividade que permitisse a apuração do valor agregado no decorrer de um determinado período.

Fazendo isso, o legislador permitiu que o contribuinte se valesse dos créditos relativos às entradas de insumos cujas mercadorias finais não sairão no mesmo período. Da mesma forma, evitou a complexidade de um sistema que em que se monitorasse todos os elementos que integrariam a mercadoria ou o serviço final, a fim de se apurar o "valor acrescido" na operação de saída ou prestação.

A sistemática adotada pelo legislador constitucional de 1988 é reconhecida por Ataliba e Giardino, como se verifica no excerto abaixo transcrito:

---

[75] ATALIBA, Geraldo; GIARDINO, Cléber. ICM: Abatimento Constitucional; Princípio da Não-Cumulatividade. *Revista de Direito Tributário*, v. 8, n. 29/30, p. 110-126, jul./dez. 1984, p. 118.

[...] não é, do contrário do que gratuitamente se tem dito, a natureza específica da mercadoria ou do produto, o referencial deflagrador desses correspectivos direitos. A Constituição não determina que o "crédito" (relativo às operações anteriores) é assegurado apenas quando se cuida de negócios com os mesmos bens adquiridos que, agora, são objeto de nova operação (de revenda). Considera, isso sim, a pessoa do contribuinte, do partícipe das operações – atual e anteriores – porque a ele é que endereçou a sujeição e a titularidade, respectivamente, desses direitos recíprocos.[76]

Da mesma forma, a doutrina de Carrazza:

Reafirmamos que o direito à compensação está presente independentemente da origem dos créditos de ICMS. Melhor dizendo, o princípio da não-cumulatividade não vincula os créditos relativos a etapas anteriores aos débitos gerados por operações ou serviços da mesma natureza. Pode-se, assim, por exemplo, utilizar créditos de ICMS provenientes do imposto incidente sobre o serviço de transporte intermunicipal para compensar, no todo ou em parte, o tributo devido pela operação mercantil posteriormente realizada. Por igual modo, os créditos nascidos do pagamento do ICMS sobre energia elétrica podem ser compensados quando da venda da mercadoria que surgiu do processo de industrialização (em que foi utilizada esta energia elétrica). O mesmo podemos dizer dos créditos de ICMS sobre consumo dos minerais empregados no processo de industrialização.[77]

Analisada com mais vagar, a não-cumulatividade do ICMS nada mais faz do que atribuir o caráter de imposto sobre valor agregado ao tributo nacional, como bem esclarece Martins:

A não-cumulatividade do ICMS corresponde à teoria do valor agregado com adaptação ao direito pátrio. Como já se viu, no concernente ao IPI, a eliminação do efeito "cascata" dá-se por força da adoção de uma das três formas de compensação das incidências anteriores, a saber: a do sistema de imposto sobre imposto, a de base sobre base e aquele de apuração periódica.
O Brasil optou pela apuração periódica, pela qual o imposto é compensado, com crédito na entrada, daquele imposto devido no momento

---

[76] ATALIBA, Geraldo; GIARDINO, Cleber. ICM e IPI Direito de Crédito: produção e mercadorias isentas ou sujeitas à alíquota zero. *Revista de Direito Tributário*, v. 12, n. 46, p. 73-89, out./dez. 1988, p. 82.
[77] CARRAZZA, Roque Antonio. *ICMS*. 7. ed. São Paulo: Malheiros, 2001, p. 237-238.

da saída da mercadoria, conforme as hipóteses legais, independentemente de ter sido a matéria-prima utilizada ou a mercadoria revendida. Periodicamente, apura-se o imposto devido na entrada das mercadorias e aquele correspondente à saída e determina-se, a partir dessa operação, a obrigação de pagar ou aquela de se manter um crédito para o futuro, por haver mais créditos pelas entradas que pelas mercadorias saídas.[78]

E não merece prosperar a alegação, em contrário, com pretensa fundamentação na incidência do imposto mesmo em operações que não se verifica lucro.

De fato, retornando ao exercício hipotético, verificar-se-á que, se concebermos que tanto as entradas dos insumos quanto a saída da mercadoria final ocorreu em um único período de apuração e que essa foi a única operação nesse intervalo de tempo, não havendo lucro, não haverá, evidentemente, ICMS a ser recolhido, uma vez que os créditos relativos às entradas superarão o débito relativo à saída.[79]

Como se verifica, o fato de o método concebido pela Constituição Federal à não-cumulatividade do ICMS não ser "operação à operação" não retira a sua característica de imposto sobre valor agregado. Ao contrário, evidencia a opção do legislador por uma sistemática de tributo sobre o valor acrescido mais favorável ao próprio contribuinte.

---

[78] MARTINS, Ives Gandra da Silva. *Comentários à Constituição do Brasil*. 2. ed. São Paulo: Saraiva, 2001. v. 6, t. 1, p. 438-440.

[79] "Mas se extremarmos nosso raciocínio a uma hipótese ideal em que todas as aquisições de determinado período foram nesse mesmo período incorporadas aos produtos fabricados (ou simplesmente revendidos), constataremos que a diferença entre o valor das entradas e o valor das posteriores saídas corresponderá exatamente a um montante que multiplicado pela alíquota do ICMS praticado pelo comerciante/industrial, dará como resultado o valor do tributo a ser recolhido ao Fisco. Ora, mas se a diferença entre as saídas e as anteriores entradas representa o valor que o comerciante/industrial acrescentou em cada operação no período, pelo menos do ponto de vista econômico, de fato estamos tratando de um tributo que incide sobre o valor agregado. E, veja-se, não podemos deixar de salientar este ponto, uma vez que a não-cumulatividade é regra constitucional que toca de maneira direta os preços dos produtos colocados no mercado". (MELO, José Eduardo Soares de; LIPPO, Luiz Francisco. *A Não-Cumulatividade Tributária*. São Paulo: Dialética, 1998, p. 115)

Mais. Alegar que a não-cumulatividade não integra a regra-matriz do ICMS é afirmar que o valor a ser recolhido às Fazendas Públicas Estaduais, a título de ICMS, na forma como concebido no texto constitucional, é tão-somente aquele correspondente às "operações relativas à circulação de mercadorias e sobre prestações de serviços de transporte interestadual e intermunicipal e de comunicação", desconsiderando a norma inscrita no inciso I do § 2º do artigo 155 da Constituição Federal.

Isso porque, como bem refere a lição de Carvalho: "a regra-matriz do tributo deve esclarecer todos os seus aspectos, inclusive o quantitativo, de modo a indicar o valor do tributo a ser recolhido".

Ora, bem se sabe que a sistemática de apuração do ICMS é outra. Com efeito, como já demonstrado anteriormente, tais operações serão contabilizadas como débito, em se tratando de saídas de mercadorias ou prestações de serviços e, em observância à não-cumulatividade consagrada constitucionalmente, como crédito em se tratando de entradas de insumos. Ao final do período, então, é que será apurado o valor do imposto que deverá ser recolhido a título de ICMS à Fazenda Pública Estadual.

Assim, partindo da premissa de Baleeiro, segundo a qual "A técnica de apuração do valor adicionado varia conforme a legislação de cada país e, dentro de um mesmo país, pode ainda ser diversificada, tudo dependendo das opções legislativas feitas, em razão das funções e das finalidades a que deve servir",[80] acredita-se que a não-cumulatividade, na forma como concebida pelo sistema constitucional tributário brasileiro, integra a regra-matriz do ICMS, compondo a sua conseqüência.

Esse, também, o entendimento de Coelho:

---

[80] BALEEIRO, Aliomar. *Limitações Constitucionais ao Poder de Tributar*. 7. ed. Rio de Janeiro: Forense, 1999, p. 450.

Discordamos, com respeito, de todos os que acham não integrar a norma jurídico-tributária do ICM o princípio da não-cumulatividade. Integra sim, e integra a conseqüência. A base de cálculo não é o único modo de se apurar o quantum do dever decorrente da realização do suposto. Seria reduzir a estrutura normativa à sua feição mais primária. Existem impostos sofisticados, do ponto de vista jurídico, tais como o ICMS e o imposto de renda, que exigem operações mais complexas para a conclusão do quantum debeatur e que solicitam o concurso de leis e princípios diversos, todos convergentes a um só fim: a "quantificação" do dever do sujeito passivo da obrigação.

No caso específico do ICMS, o imposto devido não decorre apenas da incidência da alíquota, singela e primária, sobre a base de cálculo, esta o valor de saída da mercadoria decorrente da operação que a faz circular. Depende de outros cálculos e de outros elementos complicadores. Depende, v.g., por expressa determinação constitucional, da dedução do crédito devido pelas entradas do valor das "saídas". Ora, se o cálculo monetário do imposto não fizer parte da conseqüência da norma-de-dever, dita tributária, estará destruída toda a rica versatilidade científica da teoria da norma tributária. No caso do ICMS, além da base de cálculo, o modo de apurar o quantum debeatur final implica o princípio da não-cumulatividade. Dessarte, concernentemente à atuação dos princípios na formação das normas jurídicas, assunto que se coloca no plano mais alto da teoria normativa, não deve pairar sobre o tema a mínima dúvida.

Da opinião compartilham Alberto P. Xavier, Ulhôa Canto e, até certa data, Alcides J. Costa, que depois mudou de opinião. Se a não cumulatividade do ICM – prevista na Constituição – não se projetasse "dentro" na norma jurídica tributária do ICM, aperfeiçoando-lhe o perfil, teríamos pela frente os seguintes dislates:

A) o crédito pelas entradas, sendo direito do contribuinte, seria renunciável. Se ex absurdo todos os contribuintes renunciassem ao direito, O ICMS não-cumulativo tornar-se-ia cumulativo (pela vontade do particular, contra a Constituição...);

B) o lançamento do imposto a pagar feito ex officio pelo sujeito ativo não poderia levar em linha de conta "o crédito pelas entradas em lapso de tempo determinado", abatendo-o dos "débitos pelas saídas". Competiria ao Fisco tão-somente apurar os débitos, aplicando a alíquota sobre a base de cálculo. Ao contribuinte competiria opor o seu direito de crédito (defluente das entradas). É sabido que o lançamento é ato de aplicação da norma tributária aos casos concretos. E sabe-se que o lançamento ex officio do ICMS, para ser perfeito, deve apurar tanto os débitos quanto os créditos do sujeito passivo (para chegar ao *quantum debeatur*).

Logo, o princípio constitucional da não-cumulatividade do ICM integra a norma jurídico-tributária do imposto em tela, e, tanto integra, que o lançamento (ato de aplicação da norma às situações individuais), ao quantificar o dever tributário para imputá-lo ao devedor, promove a apuração do débito e do crédito, compensando-os (débito − crédito = imposto a pagar; ou crédito − débito = crédito a transferir). Fosse o direito de crédito do contribuinte autônomo e próprio, não poderia o Fisco (sujeito ativo) apurá-lo através do lançamento, que é ato administrativo. Existe, portanto, uma só relação jurídica e não duas. Uma só norma jurídico-tributária, incorporando prescrições legislativas diversas, constitucionais e infraconstitucionais.[81]

Nesse sentido, ainda, o posicionamento de Moraes ao analisar o ICM:

4.3. O valor acrescido é circunstância que compõe o fato gerador do ICM, devendo o legislador, ao definir este, obedecer o requisito constitucional da não-cumulatividade do tributo. No aspecto material do fato gerador, não pode ser desprezado o elemento quantitativo, sem o qual inexiste a obrigação tributária. Se o fato gerador é um instrumento jurídico para criar a obrigação tributária, deve ele possuir em seu bojo todos os elementos desta obrigação, inclusive o que permitirá estabelecer o quantum relativamente à consuta que o credor poderá exigir do devedor.[82]

Na mesma linha, a lição de Brito, também ao estudar o antigo ICM: "O valor acrescido é circunstância que compõe a hipótese de incidência do ICM a qual, na formulação constitucional, evidencia tal circunstância como seu elemento objetivo".[83]

Analisada a estrutura da não-cumulatividade do ICMS, há que se examinar, ainda, o tratamento concedido pela doutrina tributária aos créditos decorrentes da sua concretização. Quanto ao tema, pode-se dividir a doutrina entre aqueles que entendem que o crédito dispõe de natureza "financeira" e aqueles que entendem que a sua natureza é "tributária".

---

[81] COELHO, Sacha Calmon Navarro. *Curso de Direito Tributário Brasileiro*. Rio de Janeiro: Forense, 2005, p. 400-401.

[82] *O fato gerador do ICM*. São Paulo: Resenha Tributária; Centro de Extensão Universitária, 1991. (Cadernos de Pesquisas Tributárias, v. 3) p. 102.

[83] Ibidem, p. 171.

Entre os primeiros, pode-se distinguir: *i*) uma primeira corrente, para a qual se trata de créditos de natureza meramente escriturais, "pois o ato não cria nem é representativo de direito de crédito na acepção jurídica de que o contribuinte tenha direito, por esse fato, de exigir prestação patrimonial a que alguém esteja obrigado";[84] e *ii*) uma segunda corrente, para a qual se está "diante de uma relação jurídica obrigacional (porque dotada de conteúdo econômico), constitucional (porque disciplinada exaustivamente na Constituição) e que se pode qualificar como financeira, em oposição à tributária, no sentido de que, embora envolva valores econômicos, nada tem a ver com as relações tributárias".[85]

Já para os segundos, "se a não-cumulatividade é um princípio constitucional tributário, e se os créditos fazem parte da estrutura desse princípio, não há dúvida que estes também estão no bojo da matéria tributária".[86]

Cumpre destacar que o crédito fiscal decorrente da concretização da não-cumulatividade do ICMS, aqui tratado, não se confunde com o "crédito fiscal presumido", previsto no § 6º do artigo 150 da Constituição Federal, que se caracteriza como um benefício fiscal concedido ao contribuinte do imposto, utilizando-se da sistemática de compensações prevista para a apuração do tributo.

A notória distinção é bem apontada por Torres:

Usa-se a expressão crédito básico, cunhada pela legislação do IPI, para diferenciá-lo do crédito-incentivo, que também pode ser objeto de compensação financeira, quando houver autorização da lei. O crédito básico é o montante cobrado na operação anterior a título de ICMS (art. 155, § 2º, I, da CF), decorrendo da própria estrutura da não-cumulatividade.

---

[84] BONILHA, Paulo Celso Bergstrom. *IPI-ICM: Fundamentos da Técnica Não-Cumulativa*. Resenha Tributária: São Paulo, 1979.

[85] ATALIBA, Geraldo; GIARDINO, Cléber. ICM: Abatimento Constitucional; Princípio da Não-Cumulatividade. *Revista de Direito Tributário*, v. 8, n. 29/30, p. 110-126, jul./dez. 1984, p. 122.

[86] MELO, José Eduardo Soares de; LIPPO, Luiz Francisco. *A Não-Cumulatividade Tributária*. São Paulo: Dialética, 1998, p. 132.

Já o crédito concedido a título de incentivo fiscal (crédito financeiro, crédito presumido ou simbólico e crédito incondicionado), embora suscetível de compensação financeira, não resulta da atuação do princípio constitucional da não-cumulatividade, mas de razões de política tributária, constituindo uma renúncia de receita.[87]
O crédito deve ser real ou verdadeiro, ou seja, deve corresponder a imposto pago na operação anterior. Crédito simbólico ou presumido é incentivo fiscal, por não decorrer do mecanismo da não-cumulatividade.[88]

No mesmo sentido, a doutrina de Carrazza:

Como vimos, o ICMS é pagável parte em moeda, parte em crédito. Tais créditos, no mais das vezes, originam-se de montantes cobrados ou cobráveis em operações ou prestações anteriores, alcançadas por esse tributo.

Nada impede, todavia, que, desde que respeitadas as diretrizes da não-cumulatividade, a legislação faculte ao contribuinte recolher o ICMS a seu cargo, utilizando-se, em substituição à forma convencional acima sumariada, do chamado *sistema de créditos presumidos*.

Este sistema *consiste em outorgar ao contribuinte um crédito fiscal que não corresponde ao resultante das efetivas entradas, em seu estabelecimento, de mercadorias, matérias-primas e outros insumos. Tal crédito fiscal, por força da legislação de regência, passa a ser utilizado como moeda de pagamento do ICMS.*

Convém que se frise, no entanto, que desta utilização não podem decorrer nem a restrição do alcance do princípio da não-cumulatividade do ICMS, nem, tampouco, conseqüências detrimentosas para o contribuinte. Logo, do crédito presumido só podem advir maiores vantagens para o contribuinte que as que teria pelo sistema convencional de crédito/débito.[89] (grifou-se)

Por fim, depois de todos os aspectos da não-cumulatividade do ICMS já tratados, cumpre que se examine o posicionamento da doutrina tributária nacional em relação à sua dimensão normativa.

---

[87] TORRES, Ricardo Lobo. O IVA no Direito Comparado. In: MARTINS, Ives Grandra da Silva (Coord.). *O Princípio da Não-Cumulatividade*. São Paulo: Revista dos Tribunais; Centro de Extensão Universitária, 2004, p. 146.

[88] Ibidem, p. 151.

[89] CARRAZZA, Roque Antonio. *ICMS*. 7. ed. São Paulo: Malheiros, 2001, p. 244.

Nesse ponto, alguns doutrinadores definem a não-cumulatividade do ICMS como mera norma jurídica que estabelece a técnica de arrecadação do imposto.[90]

De outra parte, a maioria da doutrina tributária brasileira qualifica a não-cumulatividade do ICMS como princípio, como exemplifica a lição de Melo e Lippo:

> Da conjugação desses argumentos bem se pode constatar que, de fato, a não-cumulatividade é um princípio constitucional, posto que a sua supressão causaria sensível abalo nas relações de consumo, na produção de bens e na prestação de serviços, com evidentes reflexos nas relações de emprego, em função do aumento artificial dos custos.
> Mas, como todo princípio constitucional é norma jurídica, é um comando geral e abstrato que cria, modifica ou extingue direito, permitindo, obrigando ou proibindo a prática de uma ação ou de uma omissão, será nosso intento perquirir justamente de que maneira este comando constitucional atua dentro do sistema jurídico brasileiro.
> A não-cumulatividade tributária, de fato, é um princípio constitucional. É um comando normativo repleto de valores extraídos dos anseios da sociedade constituída e permeado de forte conteúdo axiológico. Foi a partir da vontade do povo brasileiro que o legislador constituinte encontrou os argumentos necessários para disciplinar a instituição de tributos cuja característica essencial para a apuração do quantum debeatur deve ser o confronto matemático entre a soma dos montantes do imposto registrado em cada relação correspondente às operações comerciais realizadas com os produtos e mercadorias e serviços do estabelecimento do contribuinte, e a soma dos montantes do imposto registrado em cada relação correspondente as mercadorias, produtos e serviços adquiridos pelo mesmo contribuinte, em um dado período. Ou seja, esse princípio constitucional deve necessariamente ser observado à luz do Direito, não resta dúvida. Assim, tratando-se basicamente de uma operação matemática, como se verá, haveremos de encontrar no interior da Constituição Federal o seu conteúdo jurídico.[91]

Há, ainda, aqueles que entendem que "a não-cumulatividade pode ser vista como princípio e também como técnica", como o faz Machado:

---

[90] BONILHA, Paulo Celso Bergstrom. *IPI-ICM: Fundamentos da Técnica Não-Cumulativa*. São Paulo: Resenha Tributária, 1979.

[91] MELO, José Eduardo Soares de; LIPPO, Luiz Francisco. *A Não-Cumulatividade Tributária*. São Paulo: Dialética, 1998, p. 92-93.

É um princípio, quando enunciada de forma genérica, como está na Constituição, em dispositivo a dizer que o imposto "será não cumulativo, compensando-se o que for devido em cada operação relativa à circulação de mercadorias e prestação de serviços com o montante cobrado nas anteriores pelo mesmo ou outro Estado ou pelo Distrito Federal". Em tal enunciado não se estabelece exaustivamente o modo pelo qual será efetivada a não-cumulatividade. Não se estabelece a técnica. Tem-se simplesmente o princípio que, aliás, está mal expresso, como adiante será demonstrado.

A técnica da não-cumulatividade, a seu turno, é o modo pelo qual se realiza o princípio. Técnica é "maneira ou habilidade especial de executar algo". Assim, a técnica da não cumulatividade é o modo pelo qual se executa, ou se efetiva o princípio.

Para bem entender-se a diferença entre o princípio e a técnica pode-se invocar a distinção que os processualistas fazem entre processo e procedimento. O primeiro é o conjunto de atos tendentes a um determinado fim. O segundo, o modo pelo qual tais atos são praticados, e se relacionam, para compor o processo.

A técnica, portanto, é que define o regime jurídico do princípio da não-cumulatividade do imposto, regime jurídico este que se define em duas espécies, a saber, o regime do crédito financeiro e o regime do crédito físico, ou ainda por uma terceira espécie, na qual são albergados elementos de um e do outro daqueles dois regimes jurídicos.[92]

Do até aqui exposto, pode-se dizer que a não-cumulatividade do ICMS, na forma como prevista na Constituição Federal de 1988, constitui um instrumento que cria direitos públicos subjetivos para o contribuinte e busca alcançar um sistema neutro e isonômico, evitando os prejuízos causados pela tributação incidente "em cascata", que tantos malefícios produz em um sistema de tributação plurifásico, tal qual o sistema do ICMS.

A norma constitucional é concretizada por meio de um mecanismo fundado em "compensações", que permite que se compense o que for devido em cada operação relativa à circulação de mercadorias ou prestação de serviços com o montante do imposto cobrado nas anteriores, não se

---

[92] MACHADO, Hugo de Brito. *Aspectos Fundamentais do ICMS*. São Paulo: Dialética, 1997, p. 130-131.

tratando de mera recomendação do legislador constituinte, mas de norma cogente, que, por isso mesmo, nem o legislador ordinário, nem o administrador, nem, muito menos, o intérprete podem desconsiderar.[93]

Finalmente, no que se refere à sua dimensão normativa, a doutrina tributária, adotando a classificação tradicional, no sentido "de que os princípios são os alicerces, as vigas mestras ou os valores do ordenamento jurídico, sobre o qual irradiam os seus efeitos",[94] é quase unânime em qualificá-la como um "princípio constitucional", entendendo que o instituto tem por fim um sistema de tributação neutro e eficiente. Essa classificação, por ser objeto do presente estudo, será examinada, criticamente, na segunda parte do trabalho.

2.3. A não-cumulatividade do ICMS na jurisprudência do Supremo Tribunal Federal

No terceiro ponto, buscar-se-á, por meio da referência ao posicionamento adotado pelo Supremo Tribunal Federal em julgamentos relativos ao instituto, identificar os limites da dimensão normativa da não-cumulatividade do ICMS.

Embora o objeto do estudo esteja limitado ao ordenamento jurídico definido a partir da Constituição Federal de 1988, serão analisadas também decisões proferidas pelo Colendo Sodalício em relação a textos constitucionais pretéritos. Isso porque tais decisões contribuíram para formar o alicerce sobre o qual se erguem muitos dos fundamentos atualmente adotados pela jurisprudência do Pretório Excelso, de maneira que auxiliam a sua correta compreensão.

---

[93] CARRAZZA, Roque Antonio. *ICMS.* 7. ed. São Paulo: Malheiros, 2001, p. 249.
[94] ÁVILA, Humberto. A Teoria dos Princípios e o Direito Tributário. *Revista Dialética de Direito Tributário,* n. 125, p. 33-49, fev. 2006, p. 34.

Além disso, grande parte das razões que fundamentam essas decisões mantém-se válida no ordenamento jurídico constituído sob o abrigo da atual Constituição.

Pois bem, para o bom êxito do estudo proposto, essencial que sejam referidos precedentes do Colendo Sodalício acerca da possibilidade do creditamento do valor do imposto recolhido nas aquisições de produtos destinados ao uso e consumo do contribuinte e de bens integrantes de seu ativo permanente.

Quanto ao tema, o Supremo Tribunal Federal, no julgamento do Recurso Extraordinário n° 200.379-4 – SP, analisando o direito de o contribuinte creditar-se do valor do ICMS recolhido na aquisição de máquinas e equipamentos utilizados no processo de industrialização, parecia haver adotado interpretação no sentido de que a Constituição Federal de 1988 haveria consagrado, para implementar a não-cumulatividade do ICMS, o regime de dedução "financeira", em detrimento do regime de dedução "física". É o que se infere no seguinte trecho do voto proferido pelo Ministro Marco Aurélio:

> A Corte de origem refutou a inconstitucionalidade do inciso I do artigo 40 da Lei nº 6.374/89 no que afastava, à época dos fatos envolvidos na controvérsia, a possibilidade de chegar-se ao crédito do valor despendido com o Imposto sobre Circulação de Mercadorias e Serviços considerada a aquisição de mercadoria a ser integrada ao ativo fixo. Em última análise, não se teve como consumidas na industrialização praticada pela Recorrente as máquinas e os equipamentos empregados. A premissa básica é de que tais máquinas e equipamentos, por consubstanciarem mercadorias, estão sujeitos ao Imposto sobre Circulação de Mercadorias e Serviços. Ora, é sabido que, na prática, o pagamento se dá pelo próprio comprador do equipamento. Destarte, assentado, como foi mediante perícia, que na produção das mercadorias há o desgaste das máquinas utilizadas que, por sinal, hão de ser substituídas por outras mais modernas, forçoso é concluir que o afastamento, como crédito, do valor do Imposto sobre Circulação de Mercadorias e Serviços pago implica, a seguir, quando comercializados os produtos, ou seja, a mercadoria objeto de industrialização, cumulatividade vedada constitucionalmente. O princípio da não-cumulatividade há de ser observado na espécie, sob

pena de exsurgir o pagamento duplo que visa a coibir. O fato de ter-se a integração das máquinas ao ativo fixo não é conducente, por si só, a anular as conseqüências da utilização, ou seja, o desgaste no processo de industrialização do produto a circular posteriormente. Por outro lado, a diminuição do valor dos bens do ativo decorre, justamente, do fato de serem utilizados na produção das mercadorias. Há de adotar-se o mesmo critério que levou o legislador a autorizar o cômputo, como custo ou encargo, em cada exercício, da importância correspondente à desvalorização dos bens (Lei nº 4.506/64, artigo 57, e Decreto nº 85.400, de 4 de dezembro de 1980, artigo 198).[95]

Entretanto, o posicionamento adotado pelo Pretório Excelso não acolheu o regime de dedução "financeira" em sua plenitude.

De fato, posteriormente, o Supremo Tribunal Federal, ao analisar o creditamento em relação a aquisições de produtos destinados ao uso e consumo do contribuinte, orientou-se no sentido de não ofender a não-cumulatividade do ICMS a legislação que não autoriza a compensação destes créditos do imposto com os débitos decorrentes da alienação de mercadorias por ele produzidas, em acórdão que restou assim ementado:

IMPOSTO DE CIRCULAÇÃO DE MERCADORIAS E SERVIÇOS. PRINCÍPIO DA NÃO-CUMULATIVIDADE. OBJETO. O princípio da não-cumulatividade visa a afastar o recolhimento duplo do tributo, alcançando-do hipótese de aquisição de matéria-prima e outros elementos relativos ao fenômeno produtivo. A evocação é imprópria em se tratando de obtenção de peças de máquinas, aparelhos, equipamentos industriais e material para a manutenção.[96]

O relator no julgamento do Recurso Extraordinário nº 195.894-4 – RS, cuja ementa se transcreveu acima, foi o mesmo Ministro Marco Aurélio Melo – relator no Recurso Extraordinário nº 200.379-4 – SP –, havendo adotado os seguintes fundamentos no voto condutor:

[...] O objetivo maior do princípio é impedir o bis in idem, ou seja, o pagamento em duplicidade do tributo. Por isso mesmo, a satisfação deste na

---

[95] RE nº 200.379-4 – SP, STF, 2ª Turma, Rel. Min. Marco Aurélio, DJ 07-08-1998.
[96] RE nº 195.894-4 – RS, STF, 2ª Turma, Rel. Min. Marco Aurélio, DJ 16-02-2001.

operação anterior é considerada como crédito na conta própria. O princípio alcança a matéria-prima adquirida e que venha a ser consumida ou integrada ao produto final, na condição de elemento essencial à respectiva composição. A óptica é imprópria em se tratando de matérias, tais como, segundo mencionado no item 4 da inicial, peças de reposição de máquinas, aparelhos e equipamentos industriais e o que despendido na manutenção destes, inclusive com a frota de veículos para o transporte da mercadoria a clientes. Há de exigir-se correlação. No caso de máquinas, aparelhos e equipamentos industriais, bem como de material para manutenção de veículos, não se tem, a seguir, a comercialização. Não ocorre processo de transformação em nova mercadoria passível de vir a ser comercializada. Daí a impertinência de pretender-se lançar o tributo pago na aquisição desses materiais como crédito, isso visando à compensação com os débitos decorrentes da alienação das mercadorias produzidas.[97]

Como se verifica, o entendimento do Supremo Tribunal Federal, no sentido de que "O princípio alcança a matéria-prima adquirida e que venha a ser consumido ou integrada ao produto final, na condição de elemento essencial à respectiva composição", é motivado pela aceitação de que o regime adotado pela Constituição Federal para dar execução à não-cumulatividade do ICMS é aquele concebido pela Lei Complementar nº 87/1996, que privilegia um sistema intermediário entre a "dedução física" e a "dedução financeira".[98]

Cumpre destacar, também, em relação ao assunto, o julgamento proferido pelo Supremo Tribunal Federal, em 23 de setembro de 2004, ao analisar a Medida Cautelar requerida pela Confederação Nacional da Indústria (CNI) na Ação Direta de Inconstitucionalidade nº 2325, proposta pela Entidade contra dispositivos da Lei Complementar nº 102/2000 que promoveram a inserção do § 5º ao artigo 20 da Lei Complementar nº 87/1996, bem como a alteração do

---

[97] RE nº 200.379-4 – SP, STF, 2ª Turma, Rel. Min. Marco Aurélio, DJ 07-08-1998.

[98] É o que se infere a partir da análise do julgamento, entre outros, do: RE-AgR 224531 – SP, STF, 1ª Turma, Rela. Min. Ellen Gracie, DJ 28-06-2002; RE-AgR 417686 – SP, STF, 2ª Turma, Rel. Min. Carlos Velloso, 25-06-2004; e AI-AgR 487396 – SP, STF, 1ª Turma, Rel. Min. Eros Grau, DJ. 08-04-2005.

inciso II e acréscimo do inciso IV ao artigo 33 ao mesmo Diploma Legal, modificando, assim, o critério de apropriação dos créditos de ICMS decorrentes de aquisições de bens destinados ao ativo permanente, de serviços de fornecimento de energia elétrica e de comunicação. O resultado desse julgamento está descrito no Informativo nº 362 do Supremo Tribunal Federal, nos seguintes termos:

> Na sessão de 29.11.2000, o Pleno, apreciando a questão do princípio da anterioridade (CF, art. 150, III, *b*), deferiu, em parte, a liminar para emprestar interpretação conforme a Constituição e sem redução de texto, no sentido de afastar a eficácia do art. 7º da norma impugnada ("Esta Lei Complementar entra em vigor no primeiro dia do mês subseqüente ao da sua publicação"), no tocante à inserção do § 5º do art. 20 da LC 87/96, e às inovações introduzidas no art. 33, II, da referida Lei, bem como à inserção do inciso IV, protraindo o início da eficácia desses dispositivos para 1º.1.2001. Entendeu-se que a modificação do sistema de creditamento pela norma em questão, quer consubstancie a redução de um benefício de natureza fiscal, quer configure a majoração de tributo, cria uma carga para o contribuinte e, portanto, sujeita-se ao princípio da anterioridade. Prosseguindo o julgamento, em relação à análise da ofensa ao princípio da não-cumulatividade, o Tribunal, por maioria, indeferiu o pedido, por não vislumbrar a alegada violação, uma vez que, não tendo a Constituição Federal fixado de maneira inequívoca, no inciso I do § 2º do art. 155, o regime de compensação de tributos, cuja regulamentação há de ser feita por lei complementar (CF, art. 155, § 2º, XII, *c*), nada impede que lei complementar fixe um novo critério, ressalvado o direito adquirido à apropriação dos créditos, na conformidade do disposto na legislação anterior. Vencido, no ponto, o Min. Marco Aurélio, relator, que deferia a liminar por considerar que o aproveitamento fracionado de créditos, sem se permitir a atualização da moeda, implicaria verdadeiro empréstimo compulsório, fora das hipóteses do art. 148 da CF.[99]

Como se infere a partir da leitura do extrato do julgamento, o Colendo Sodalício adotou a orientação no sentido de que: *i*) a modificação do sistema de creditamento decorrente da não-cumulatividade do ICMS, quer se trate

---
[99] ADI-MC nº 2325 – DF, STF, Pleno, Rel. Min. Marco Aurélio, 23-9-2004. (Informativo nº 362)

de redução de um benefício fiscal, quer se trate de majoração de tributo, considerando que cria uma carga para o contribuinte, portanto, sujeita-se à anterioridade; *ii*) a Constituição Federal de 1988 não estabeleceu o regime de compensação necessário à implementação da não-cumulatividade do ICMS; e *iii*) dessa forma, havendo previsto que a regulamentação do "regime de compensação do imposto" cabe à lei complementar, "nada impede que lei complementar fixe um novo critério".

Outro tema que nos permite revelar a dimensão normativa da não-cumulatividade do ICMS, sob a ótica da jurisprudência do Supremo Tribunal Federal, é o da impossibilidade do creditamento do ICMS pago nas aquisições de matérias-primas isentas, para fim de compensação com o imposto pago na saída da mercadoria.

E bastante esclarecedor quanto à matéria é o posicionamento adotado pela 1ª Turma do Pretório Excelso, analisando o Texto Constitucional de 1988, no julgamento do Recurso Extraordinário nº 212.019-7 – SP. É o que se verifica no seguinte trecho do voto do relator, Ministro Ilmar Galvão:

> O princípio da não-cumulatividade de certos tributos, como o ICMS, tem por objeto impedir que, na composição do preço da mercadoria, nas diversas fases do ciclo econômico, mormente na última, de venda ao consumidor final, a parcela representativa do tributo venha representar percentual excedente do que corresponde à alíquota máxima permitida em lei. Em suma, previne excessos resultantes de tributações sucessivas.
> Opera ele, como disposto no art. 155, § 2º, I, da CF/88, por meio de compensação do tributo pago na entrada da mercadoria com o valor devido por ocasião da saída, significando, na prática, que a operação de venda é tributada tão-somente pelo valor adicionado ao preço.
> Evita-se, por esse modo, cumulação do tributo.
> Se uma das duas operações, todavia, não foi tributada, não haverá, obviamente, possibilidade de cumulação, inexistindo espaço para compensação. Conseqüentemente, perde o seu objeto o crédito fiscal, que se destinava exclusivamente a essa operação. Na hipótese de entrada

isenta, nada haveria mesmo a creditar, já que nada foi pago. E, na saída, descabido o imposto, descabida qualquer dedução. O problema é meramente aritmético, não havendo como tergiversar.
A própria Constituição tornou explícito o que se achava subentendido no princípio em foco, dispondo:
"Art. 155, § 2º [...]
II – a isenção ou não-incidência, salvo determinação em contrário da legislação:
a) não implicará crédito para compensação com o montante devido nas operações ou prestações seguintes;
b) acarretará a anulação do crédito relativo às operações anteriores".
Assim também dispõe o art. 37, I e II, da Lei 6.374/89 do Estado de São Paulo.
Patente, assim, a ausência de embasamento legal da pretensão da recorrente em creditar o valor do ICMS na entrada de mercadorias isentas para fins de compensação com o valor do tributo pago na saída da mercadoria.[100]

A orientação de que não havendo operação tributada "não haverá, obviamente, possibilidade de cumulação, inexistindo espaço para compensação", foi recentemente reiterada no julgamento de Agravo Regimental no Recurso Extraordinário nº 325.623 – MT,[101] em que a 2ª Turma da Corte Suprema concluiu, analisando alegada ofensa à não-cumulatividade do ICMS em virtude do recolhimento do imposto sob o regime de diferimento, que "esse regime, ao adiar o recolhimento do tributo, não fere o princípio da não-cumulatividade", uma vez que "não ocorrendo, no caso, a tributação pelo ICMS na saída dos produtos, não haveria o que compensar".

Vale recordar que, ao adotar, no exame do Recurso Extraordinário nº 212.019-7 – SP, o entendimento no sentido de que a ausência de tributação em uma das operações exclui a possibilidade de cumulação, afastando a compensação relativa à não-cumulatividade do ICMS, o Supremo Tribunal Federal superou o posicionamento adotado ante-

---

[100] RE nº 212.019-7 – SP, STF, 1ª Turma, Rel. Min. Ilmar Galvão, DJ 21-05-1999.
[101] AGRE nº 325.623 – MT, STF, 2ª Turma, Rel. Min. Ellen Gracie, J. 14-03-2006. (Informativo 419)

riormente pela sua 2ª Turma, em relação à norma contida na Constituição Federal de 1969, com a redação dada pela Emenda Constitucional nº 23/1983, quando da análise do Recurso Extraordinário nº 161.257-6, de que se transcreve o seguinte excerto do voto condutor, de lavra do Ministro Marco Aurélio:

Consigne-se, inicialmente, que o princípio da não-cumulatividade, a consubstanciar garantia constitucional do contribuinte, é observado de forma global, ou seja, não diz respeito, em si, à mesma mercadoria. A razão é muito simples: a não ser assim, dificilmente ter-se-iam parâmetros objetivos para chegar-se à viabilização efetiva do tributo porquanto na maioria das vezes dá-se a modificação do produto, já que uma certa mercadoria ingressa nos estabelecimento, para, mediante a industrialização, dar ensejo ao surgimento de outra diversa, processo este no qual se consome aquele inicialmente adquirida. Por isso mesmo, o modo de observância do importante princípio mencionado está na existência de uma conta de créditos e débitos, a ensejar acertos em épocas próprias. Por outro lado, para efeito de técnica tributária e suas implicações, toma-se a figura da isenção como se o imposto tivesse sido efetivamente pago. É o que se depreende da lição de Rubens Gomes de Souza, transcrita em sentença prolatada nos autos do processo que deu ensejo ao julgamento do recurso extraordinário nº 115.152-8/SP, pela Primeira Turma, reproduzida que foi no voto condutor do julgamento, de lavra do Ministro Néri da Silveira:
"[...] se recorde o preceito elementar de que a não-incidência (ou isenção) equivalem, para todos os efeitos legais (salvo, é claro, o de produzirem receita), ao pagamento efetivo do imposto. Logo, além de isenção ao dispensar o pagamento, evidentemente considero o imposto como se estivesse efetivamente pago".
A razão de ser desse enfoque é muito simples. É possível que um certo produto esteja isento, mas que aquele resultante da industrialização pela qual passou não esteja. Ora, caso não se viesse a assim entender, ter-se-ia, como muito bem exposto na inicial do mandado de segurança que deu origem a este extraordinário, a transgressão ao princípio da não-cumulatividade. O Imposto sobre Circulação de Mercadorias e Serviços seria satisfeito quando da entrada no estabelecimento do produto, deixando de sê-lo na saída da mercadoria produzida, para vir a ser considerado, novamente e sem o crédito referente à primeira operação, na subseqüente, em que comercializada mercadoria a partir daquela objeto da isenção. Atente-se para a circunstância de não haver limite

à circulação, ou seja, não se poder, adredemente, fixar um termo final para os atos de comércio que a consubstanciem, tampouco podendo-se afirmar, também a priori, que em certa fase dar-se-á o consumo final. A par dessas premissas, tem-se outra: é tradição no direito pátrio somente conceber-se a mitigação do princípio da não-cumulatividade mediante dispositivo constitucional. A boa procedência desse enfoque levou o legislador da Emenda Constitucional nº 23, de 1º de dezembro de 1983, a inserir, no inciso II do artigo 23, preceito de inegável temperamento ao princípio da não-cumulatividade. Eis o teor:
"A isenção ou não incidência, salvo determinação em contrário da legislação, não implicará crédito do imposto para abatimento daquele incidente nas operações seguintes.
Vale dizer que o afastamento do crédito apenas restou previsto, em sede constitucional, como cabia, quando a isenção diz respeito não à circulação subseqüente, mas, à anterior. Ora, a partir do momento em que se tem a mitigação do princípio da não-cumulatividade como fato de caráter excepcional, não há como patrocinar a inversão dos elementos contidos na exceção constitucional. A Emenda nº 23 apenas alijou do cenário jurídico constitucional o crédito em se tratando de hipótese de isenção ou não-incidência na operação antecedente e cobrança do tributo nas operações subseqüentes. A toda evidencia, porquanto assentado o raciocínio em regras de hermenêutica e aplicação do direito, mister se faz reconhecer não restar albergado pela disposição constitucional caso como o dos autos, em que houve, na operação antecedente, o pagamento do Imposto sobre Circulação de Mercadorias, e a isenção na subseqüente. Confira-se ao preceito constitucional decorrente da Emenda nº 23/83 interpretação estrita, como convém em toda e qualquer hipótese na qual o intérprete se defronte com norma que encerre verdadeira exceção. Mais se reforça esse enquadramento quando se constata que o legislador de 1988 adotou a exceção resultante da Emenda nº 23, elastecendo-a para, salvo em determinação em contrário da legislação, também impedir o crédito relativo às operações anteriores em que, obviamente, efetuou-se o pagamento do tributo.[102]

Como se verifica, esse julgamento consagrou a orientação de que: "A Emenda nº 23 apenas alijou do cenário jurídico constitucional o crédito em se tratando de hipótese de isenção ou não-incidência na operação antecedente e co-

---
[102] RE nº 161.257-6 – SP, STF, 2ª Turma, Rel. Min. Marco Aurélio, DJ 17-04-1998.

brança do tributo nas operações subseqüentes", de modo a "não restar albergado pela disposição constitucional caso como o dos autos, em que houve, na operação antecedente, o pagamento do Imposto sobre Circulação de Mercadorias, e a isenção na subseqüente", assegurando-se o direito ao crédito do imposto pago.[103]

Questão semelhante ao da impossibilidade do creditamento do ICMS pago nas aquisições de matérias-primas isentas – e cujo julgamento também contribui para se deduzir a dimensão normativa da não-cumulatividade do ICMS, sob o ponto de vista da jurisprudência do Supremo Tribunal Federal – é a relativa à vedação ao creditamento do imposto recolhido sobre a matéria-prima adquirida em outro Estado, objeto de incentivo concedido ao seu vendedor.

Em relação ao assunto, por esclarecedor, vale transcrever o seguinte excerto do voto condutor no julgamento do Recurso Extraordinário nº 109.486-9 – SP, proferido pelo Ministro Ilmar Galvão:

> Incensurável o raciocínio desenvolvido. Com efeito, a glosa efetuada pelo Estado de destino da mercadoria não afrontou o princípio da não-cumulatividade que, diferentemente do entendido pela recorrente, visa tão-somente a assegurar a compensação, em cada operação relativa à circulação de mercadoria, do montante do tributo que foi exigido nas operações anteriores, seja pelo próprio Estado, seja por outro, de molde a permitir que o imposto incidente sobre a mercadoria, ao final do ciclo produção-distribuição-consumo, não ultrapasse, em sua soma, percentual superior ao correspondente à alíquota máxima prevista em lei relativamente ao custo final do bem tributado.
> Assim, no presente caso, sabendo-se que o imposto destacado na nota fiscal da matéria não chegou a ser recolhido, porque convertido em incentivo fiscal do mesmo valor, é fora de dúvida que a circunstância de

---

[103] Vale recordar que amparava esse entendimento o posicionamento adotado pelo Supremo Tribunal Federal, anteriormente à Emenda Constitucional nº 23, de 1º de dezembro de 1983, como demonstram, além do *leading case* (RE nº 94.177-1 – SP), entre outros: o RE nº 91.107-3 – MG, STF, 2ª Turma, Rel. Min. Décio Miranda, DJ 17-10-1980; e o RE nº 103.217-1 – SP, STF, 1ª Turma, Rel. Min. Rafael Mayer, DJ 14-12-1984.

o respectivo crédito não haver sido admitido no Estado de destino não pode afetar a equação final, custo do produto/imposto total recolhido, que o princípio da não-cumulatividade objetiva preservar.[104]

Fundamentos similares aos acima expostos foram os adotados recentemente pelo Pleno do Colendo Sodalício ao reformular sua jurisprudência, no julgamento do Recurso Extraordinário n° 174.478-2 – SP, e posicionar-se no sentido de que "não viola o princípio da não-cumulatividade a exigência de estorno do crédito relativo à entrada de insumos usados em industrialização de produtos cujas saídas foram realizadas com redução da base de cálculo", bem como de que a redução configura "um favor fiscal que, mutilando o aspecto quantitativo da base de cálculo, corresponde à figura da isenção parcial, porque impede a incidência da regra matriz de incidência na sua totalidade. Quer dizer, substancialmente é caso de isenção", de modo a incidir a regra constante no artigo 155, § 2°, II, alínea *b*, da Constituição Federal. O acórdão restou ementado nos seguintes termos:

> TRIBUTO. Imposto sobre Circulação de Mercadorias. ICMS. Créditos relativos à entrada de insumos usados em industrialização de produtos cujas saídas foram realizadas com redução da base de cálculo. Caso de isenção parcial. Previsão de estorno proporcional. Art. 41, inc. IV, da Lei estadual nº 6.374/89, e art. 32, inc. II, do Convênio ICMS nº 66/88. Constitucionalidade reconhecida. Segurança denegada. Improvimento ao recurso. Aplicação do art. 155, § 2º, inc. II, letra "b", da CF. Voto vencido. São constitucionais o art. 41, inc. IV, da Lei nº 6.374/89, do Estado de São Paulo, e o art. 32, incs. I e II, do Convênio ICMS nº 66/88.[105]

O entendimento mantém-se no Supremo Tribunal Federal, como demonstram, entre outros, os Embargos de Declaração no Agravo de Instrumento n° 497.755-1 – PR, cujo julgamento, proferido em 13 de dezembro de 2005, restou assim ementado:

---

[104] RE n° 109.486-9 – SP, STF, 1ª Turma, Rel. Min. Ilmar Galvão, DJ 24-04-1992.
[105] RE n° 174.478-2 – SP, STF, Pleno, Rel. p/ o Acórdão Min. Cesar Peluso, J. 17-03-2005.

PROCESSUAL CIVIL. EMBARGOS DE DECLARAÇÃO OPOSTOS À DECISÃO DO RELATOR: CONVERSÃO EM AGRAVO REGIMENTAL. TRIBUTÁRIO. ICMS. CRÉDITO. BASE DE CÁCULO: REDUÇÃO. PRINCÍPIO DA NÃO-CUMULATIVIDADE. INAPLICABILIDADE.
I. – Embargos de declaração opostos à decisão singular do Relator. Conversão dos embargos em agravo regimental.
II. – O Plenário do Supremo Tribunal Federal, ao julgar o RE 174.478/SP, Relator para o acórdão o Ministro Cézar Peluso, entendeu que não viola o princípio da não-cumulatividade a exigência de estorno do crédito do ICMS relativo à entrada de insumos usados em industrialização de produtos cujas saídas foram realizadas com redução da base de cálculo. Além disso, considerou que a referida redução corresponde à figura da isenção parcial, o que faz incidir, no caso, a regra constante do art. 155, § 2º, II, b, da Constituição Federal.
III. – Embargos de declaração convertidos em agravo regimental. Não provimento deste.[106]

Entretanto, como referido, houve modificação do entendimento do Pretório Excelso, já que outro era o seu posicionamento anterior, que tinha como precedente o julgamento proferido, também em sessão plenária, no Recurso Extraordinário nº 161.031-0 – MG, cuja ementa restou assim redigida:

ICMS. PRINCÍPIO DA NÃO-CUMULATIVIDADE. MERCADORIA USADA. BASE DE INCIDÊNCIA MENOR. PROIBIÇÃO DE CRÉDITO. INCONSTITUCIONALIDADE. Conflita com o princípio da não-cumulatividade norma vedadora da compensação do valor recolhido na operação anterior. O fato de ter-se a diminuição valorativa da base de incidência não autoriza, sob o ângulo constitucional, tal proibição. Os preceitos das alíneas "a" e "b" do inciso II do § 2º do artigo 155 da Constituição Federal somente têm pertinência em caso de isenção ou não-incidência, no que voltadas à totalidade do tributo, institutos inconfundíveis com o benefício fiscal em questão.[107]

Cabe salientar que o posicionamento anterior manteve-se até recentemente, como demonstra a apreciação, pelo Supremo Tribunal Federal, em 23 de novembro de 2004, do

---

[106] EDAI nº 497.755-1 – PR, STF, 2ª Turma, Rel. Min. Carlos Velloso, DJ 24-02-2006.
[107] RE nº 161.031-0 – MG, STF, Pleno, Rel. Min. Marco Aurélio, DJ 06-06-1997.

Agravo Regimental no Recurso Extraordinário nº 201.764-7 – SP:

> AGRAVO REGIMENTAL NO RECURSO EXTRAORDINÁRIO. TRIBUTÁRIO. REDUÇÃO DA BASE DE CÁLCULO. BENEFÍCIO FISCAL. CRÉDITO. COMPENSAÇÃO. POSSIBILIDADE. PRINCÍPIO DA NÃO-CUMULATIVIDADE. OBSERVÂNCIA. Benefício fiscal outorgado a contribuinte. Crédito decorrente da redução da base de cálculo do tributo. Vedação. Impossibilidade. A Constituição Federal somente não admite o lançamento de crédito nas hipóteses de isenção ou não-incidência. Precedente do Tribunal Pleno. Agravo Regimental não provido.[108]

Vale referir, ainda, que, em casos relativos à compra de café realizadas junto ao Instituto Brasileiro do Café (IBC) – autarquia não contribuinte do imposto –, o Colendo Sodalício, para preservar a não-cumulatividade do ICMS, reconheceu que "o comprador de café[109] ao IBC, *ainda que sem a expedição de nota fiscal*, habilita-se quando da comercialização do produto, ao crédito do ICMS que incidiu sobre a operação anterior" (produtor – IBC), entendimento consagrado no enunciado de sua Súmula 571.

Valeu-se do enunciado exposto, o Supremo Tribunal Federal, dentre outros, no julgamento dos Embargos de Declaração no Recurso Extraordinário nº 92.766 – RJ, cuja ementa restou assim redigida:

> TRIBUTÁRIO. IMPOSTO SOBRE CIRCULAÇÃO DE MERCADORIAS. CAFE COMPRADO AO IBC. SÚMULA 571. O crédito a que tem direito o torrefador é o do imposto que figuraria na nota fiscal que o IBC expediria se não fosse uma autarquia, e não o do imposto, isoladamente considerado, pago pelo produtor na venda efetuada ao IBC. A pretensão do torrefador, aparentemente paradoxal, decorre da circunstância de vender o IBC por menos do que compra, na pratica da política de subsidio ao consumidor interno.[110]

---

[108] AGRG nº 201.764-7 – SP, STF, 1ª Turma, Rel. Min. Eros Grau, DJ 25-02-2005.

[109] O Supremo Tribunal Federal já se posicionou no sentido da *"irrelevância de se tratar, ou não, de empresa torrefadora"* (AGRE 118.049 – SP, STF, 1ª Turma, Rel.ª Min.ª Ellen Gracie, DJ 18-05-2001).

[110] ERE nº 92.766 – RJ, STF, Rel. Min. Décio Miranda, J. 17-10-1980.

As razões desse posicionamento foram bem expostas pelo Ministro Néri da Silveira, ao reafirmar o voto proferido no Recurso Extraordinário nº 92.766 – RJ, no voto condutor do julgamento do Recurso Extraordinário nº 111.661-7 – PR, nos seguintes termos:

Reporto-me, nesse sentido, ao voto que proferi nos ERE 92.766, integrando a maioria constituída no Plenário (RTJ 100/1257-1260):
"[...]
6. O princípio da não-cumulatividade do montante do imposto pago nas *operações anteriores* pelo mesmo ou outro Estado (Constituição, art. 23, II; Decreto-lei nº 406/68, art. 3º), de forma que, a nosso ver, *esse direito de crédito é assegurado em relação ao imposto devido nas operações de compra de café feita pelo IBC aos produtores.* A expressão "operações anteriores", no plural, utilizada nos dispositivos citados, já denota que o montante do crédito corresponde à soma das parcelas do ICM relativo a todas as operações precedentes. Observa, a propósito, Rubens Gomes de Souza:
"Tanto é assim que a Emenda nº 18, nos arts. 11, parágrafo único, e 12, § 2º, e a Constituição de 1967, arts. 22, § 4º, e 24, § 5º, enunciam a norma da não-cumulatividade, quanto ao IPI e ao ICM, dizendo que em cada operação abater-se-á o imposto cobrado "nas anteriores". Falando no plural, aqueles dispositivos referem-se a todas as parcelas do imposto total acumuladas até (inclusive) a operação imediatamente anterior à considerada, e não somente à parcela do imposto total, relativa àquela operação imediatamente anterior à considerada (Parecer de 29.4.68 na AO 45.172, do TJ RGS, *apud* Fernando A. Brochstedt, o ICM, 1972, p. 238).
7. A tese de que o direito de crédito deve limitar-se ao valor da operação de venda do IBC ao torrefador implica uma ficção, quanto à tributabilidade da operação de revenda feita pela Autarquia, não autorizada pela Constituição e que restringe indevidamente o princípio da não-cumulatividade, na medida em que reduz o montante do abatimento do imposto cobrado nas operações anteriores. Acrescente-se, aliás, que nas operações interestaduais igualmente prevalece o princípio do art. 23, II, da Constituição, em sua plenitude, de forma a não admitir-se qualquer restrição ao direito de crédito relativo ao imposto incidente nas operações anteriores.
8. É a soma dos vários recolhimentos anteriores que dá o total do crédito a ser considerado em determinada operação. No sistema não cumulativo, o gravame será sempre o mesmo, seja qual for o número de

comercializações ou o aumento de valor em relação ao preço final da mercadoria (Paulo Roberto Cabral Nogueira, A Reforma Tributária [...] in Dir. Trib., Ia. Coletânea, José Bushatsky – SP, 1973, p. 352), em nada importando que, em determinada fase intermediária, não tenha resultado crédito, seja porque o imposto não deva incidir, seja em decorrência da diminuição do valor da operação.
[...]"
Releva notar que, efetivamente, o comprador de café ao IBC tanto pode ser torrefadora, quanto exportadora. Em ambas as hipóteses, o IBC é imune. Operação anterior, firmou o Plenário, na exegese da Súmula 571, é a da aquisição do produto pela autarquia. O direito ao crédito do ICM concerne, assim, ao valor recolhido ao Fisco, quando da operação produtor e IBC.[111]

Elucidativo, também, quanto à dimensão normativa da não-cumulatividade do ICMS ao ver da jurisprudência do Supremo Tribunal Federal, o entendimento adotado pelo Tribunal, no sentido de a previsão legal de correção monetária de débitos do imposto não violá-la, uma vez que "da correção do tributo não resulta acréscimo, mas simples atualização monetária do quantum devido".

O posicionamento adotado pelo Colendo Sodalício tem como precedentes os julgamentos dos Recursos Extraordinários n° 172.394-7 – SP,[112] e n° 154.273-0 – SP,[113] ambos proferidos em 21 de junho de 1995, por seu Tribunal Pleno, merecendo reprodução o seguinte fragmento do voto-vista de autoria do Ministro Carlos Velloso, neste último:

De outro lado, não tem procedência a alegação de infringência ao princípio da não cumulatividade – C.F., art. 155, § 2º, I.
A cumulatividade, que a Constituição proíbe, relativamente ao ICMS, consiste na cobrança, a cada operação, do imposto, sem o desconto do que foi pago nas operações anteriores, Quer dizer, o custo dos bens ou serviços é acrescido do tributo pago nas operações anteriores. Para o fim de coibir o "efeito cascata" decorrente da cumulatividade, a Cons-

---
[111] RE n° 111.661-7 – PR, STF, 1ª Turma, Rel. Min. Néri da Silveira, DJ 13-03-1992.
[112] RE n° 172.394-7 – SP, STF, Pleno, Rel. p/ o Acórdão Min. Ilmar Galvão, DJ 21-06-1995.
[113] RE n° 154.273-0 – SP, STF, Pleno, Rel. p/ o Acórdão Min. Ilmar Galvão, DJ 14-06-1996.

tituição estabeleceu, no inciso I do § 2º do art. 155 que o ICMS "será não cumulativo, compensando-se o que for devido em cada operação relativa à circulação de mercadorias ou prestação de serviços com o montante cobrado nas anteriores pelo mesmo ou outro Estado ou pelo Distrito Federal".

Ora, a não cumulatividade, conforme se extrai do dispositivo constitucional citado, consiste na compensação do que for devido em cada operação relativa à circulação de mercadorias ou prestação de serviços com o montante cobrado nas anteriores (C.F. art. 155, § 2º, I).

É que, com a apuração do imposto, somam-se débitos e somam-se créditos, fazendo-se a compensação determinada na Constituição, art. 155, § 2º, I. Na apuração do imposto, pois, ocorre a concretização do princípio da não cumulatividade.

Com absoluta precisão registra Alcides Jorge Costa no parecer que emitiu a respeito da questão:

"18. Estas notas características, indispensáveis para que exista cumulatividade, estão ausentes na correção monetária de que cuida o Decreto nº 30.356/89. O vendedor da mercadoria emite nota fiscal e nela consigna o montante do ICMS devido. Até aí não há nenhuma correção monetária. O adquirente da mercadoria vai reembolsar o vendedor pelo montante do imposto indicado na nota fiscal, ou seja, do imposto sem qualquer correção e vai creditar-se deste mesmo montante. A eventual correção monetária que o vendedor vai pagar não tem repercussão alguma em sua relação com o comprador, nem, de qualquer modo, afeta esta último. Portanto, a correção monetária de que se vem tratando não tem a menor possibilidade de criar qualquer cumulatividade em relação ao adquirente e suas operações posteriores.

19. A mesma correção monetária também não cria ocasião de cumulatividade para o vendedor. Ao vender a mercadoria, ele calcula o ICMS tendo como base o preço e debita-se do imposto que vai recuperar do comprador. A correção monetária ocorre depois disto e certamente com freqüência até mesmo depois que o vendedor recebeu o preço junto com o qual se reembolsa o imposto de que se debitou. Qualquer correção monetária posterior à emissão da nota fiscal não tem possibilidade de interferir no montante do imposto que onera a mercadoria já vendida e que é transferido ao comprador. De resto, se se admitisse que a correção monetária de que trata o Decreto nº 30.356/89, cria cumulatividade, deveria admitir-se também que o mesmo efeito teria lugar sempre que houvesse acréscimo de correção monetária em razão de mora, o que seria absurdo, como deveria admitir-se que juros de mora e multa mora-

tória também ofenderiam o princípio da não-cumulatividade, o que seria mais absurdo".[114]

Embora haja reconhecido que "longe fica de vulnerar o princípio da não-cumulatividade conclusão sobre o direito do contribuinte à reposição do poder aquisitivo da moeda quanto a crédito tributário reconhecido, homenageando-se o equilíbrio da equação crédito e débito",[115] ao posicionar-se sobre a correção monetária de "saldos credores" de ICMS acumulados pelos contribuintes, admitindo sua natureza meramente escritural, diverso foi o entendimento do Supremo Tribunal Federal, como demonstra o julgamento do Recurso Extraordinário n° 195.643-7 – RS, que restou ementado nos seguintes termos:

> TRIBUTÁRIO. ICMS. ESTADO DO RIO GRANDE DO SUL. PRETENDIDA CORREÇÃO DOS CRÉDITOS ACUMULADOS, EM HOMENAGEM AOS PRINCÍPIOS DA ISONOMIA E DA NÃO-CUMULATIVIDADE.
> O sistema de créditos e débitos, por meio do qual se apura o ICMS devido, tem por base valores certos, correspondentes ao tributo incidente sobre as diversas operações mercantis, ativas e passivas realizadas no período considerado, razão pela qual tais valores, justamente com vista à observância do princípio da não-cumulatividade, são insuscetíveis de alteração em face de quaisquer fatores econômicos ou financeiros.
> De ter-se em conta, ainda, que não há falar, no caso, em aplicação do princípio da isonomia, posto não configurar obrigação do Estado, muito menos sujeita a efeitos moratórios, eventual saldo escritural favorável ao contribuinte, situação reveladora, tão-somente, de ausência de débito fiscal, este sim sujeito a juros e correção monetária, em caso de não recolhimento no prazo estabelecido.
> Recurso não conhecido.[116]

O entendimento do Colendo Sodalício, no sentido da "inexistência de direito à correção monetária dos créditos fiscais, quando não houver previsão legal para tanto, devendo ser, em tais hipóteses, lançado o valor nominal

---
[114] RE n° 154.273-0 – SP, STF, Pleno, Rel. p/ o Acórdão Min. Ilmar Galvão, DJ 14-06-1996
[115] AGAI n° 191.605 – RS, STF, 2ª Turma, Rel. Min. Marco Aurélio, DJ 06-02-1998.
[116] RE n° 195.643-7 – RS, STF, 1ª Turma, Rel. Min. Ilmar Galvão, DJ 21-08-1998.

do crédito na escrituração contábil", foi renovado por seu Pleno no julgamento do Agravo Regimental interposto nos Embargos de Divergência opostos no Agravo Regimental relativo ao Recurso Extraordinário nº 212.163 – SP, assim ementado:

AGRAVO REGIMENTAL NOS EMBARGOS DE DIVERGÊNCIA NO AGRAVO REGIMENTAL NO RECURSO EXTRAORDINÁRIO. TRIBUTÁRIO. ICMS. CREDITAMENTO. CORREÇÃO MONETÁRIA DO CRÉDITO FISCAL. ALEGAÇÃO DE OFENSA AO PRINCÍPIO DA ISONOMIA E AO DA NÃO-CUMULATIVIDADE. IMPROCEDÊNCIA. Correção monetária de créditos fiscais eventualmente verificados e comprovados. Direito que, por não estar previsto na legislação estadual, não pode ser deferido pelo Judiciário sob pena de substituir-se o legislador em matéria de sua estrita competência. Matéria pacificada no Supremo Tribunal Federal. Embargos de divergência. Não-cabimento. Agravo regimental não provido.[117]

Vale destacar, contudo, que, ao analisar o Agravo Regimental interposto no Recurso Extraordinário nº 301.753 – PR, caso em que o contribuinte não pôde escriturar seus créditos fiscais em época própria, diante da concessão de liminar em Ação Direta de Inconstitucionalidade, a 2ª Turma do Supremo Tribunal Federal reconheceu-lhe o direito à correção monetária. A ementa do acórdão restou assim redigida:

RECURSO EXTRAORDINÁRIO. ICMS. CRÉDITO. MATÉRIA-PRIMA E OUTROS INSUMOS. EXPORTAÇÃO. ART. 3º DA LC Nº 65/91. SUSPENSÃO DE EFICÁCIA. DEFERIMENTO CAUTELAR DA ADI 600. POSIÇÃO REVISTA NO JULGAMENTO DE MÉRITO. APROVEITAMENTO TARDIO DE CRÉDITOS. CORREÇÃO MONETÁRIA. ADMISSIBILIDADE. 1. Se após emitir uma tese, o acórdão recorrido aponta expressamente os dispositivos constitucionais usados para se adotar tal posição, não há como falar em ausência de prequestionamento. 2. Pretensão da agravante em escriturar os créditos de ICMS que deixaram de ser compensados no período em que se encontrava suspensa a eficácia do art. 3º da LC nº 65/91, pelo julgamento cautelar da ADI 600. Circunstância que autoriza o contribuinte a compensar estes créditos,

---

[117] RE-AgR-EDv-AgR nº 212163 – SP, STF, Pleno, Rel. Min. Maurício Corrêa, DJ 26-04-2002.

com correção monetária. Precedente: RE 282.120, DJ de 30/06/1995. 3. O Estado do Paraná impugnou apenas o reconhecimento, pelo acórdão recorrido, do direito à correção monetária do crédito escritural de ICMS no período anterior ao Decreto Estadual 2.044/93, não estando em causa os créditos escriturados após a edição dessa norma. 4. Agravo regimental provido, para conhecer e improver o recurso extraordinário do Estado do Paraná.[118]

Cabe referir, ainda, visando a delimitar a dimensão normativa da não-cumulatividade do ICMS na jurisprudência do Pretório Excelso, o posicionamento enunciado em sua Súmula nº 660, no sentido de que: "Não incide ICMS na importação de bens por pessoa física ou jurídica que não seja contribuinte do imposto".

Esse entendimento tem como precedente a orientação adotada pelo Supremo Tribunal Federal ao analisar, por seu Plenário, o Recurso Extraordinário nº 203.075-9 – DF,[119] em que se discutia a constitucionalidade de lei distrital que previa a incidência do ICMS na importação de mercadoria do exterior por pessoa física, antes da edição da Emenda Constitucional nº 33, de 11 de dezembro de 2001.

Digno de nota, por elucidativo, o seguinte trecho do voto de lavra do Ministro Maurício Corrêa, relator para o acórdão:

> 2. Estabelece o artigo 155, inciso II, da Constituição Federal, que compete aos Estados e ao Distrito Federal instituir imposto sobre "operações relativas à circulação de mercadorias e sobre prestação de serviços de transporte interestadual e intermunicipal e de comunicação, ainda que as operações e as prestações se iniciem no exterior", dispondo o seu inciso IX, alínea "a", primeira parte, que o ICMS incidirá também "sobre a entrada de mercadoria importada do exterior, ainda quando se tratar de bem destinado a consumo ou ativo fixo do estabelecimento".
> 3. Do referido preceito sobressaem expressões significativas para se determinar a extensão da norma constitucional e a exigibilidade ou não

---

[118] RE-AgR nº 301753 – PR, STF, 2ª Turma, Rela. Min. Ellen Gracie, DJ 12-12-2003.
[119] RE nº 203.075-9 – DF, STF, Pleno, Rel. p/ o Acórdão Min. Maurício Corrêa, DJ 29-10-1999.

do tributo na importação de bens por pessoa física: i) operação relativa à circulação de mercadoria; ii) mercadoria; iii) estabelecimento.

4. Desse modo, é de fundamental importância que se busque interpretar os princípios gerais de direito privado, para pesquisar a definição, o conteúdo e o alcance dos conceitos utilizados pela Constituição Federal que, por estarem prescritos na legislação comum, não podem ser alterados pela legislação tributária (CTN, artigos 109 e 110).

5. Com efeito, são hipóteses de incidência do ICMS a operação relativa à circulação e à circulação e à importação de mercadorias, ainda quando se trate de bem destinado a consumo ou ativo fixo do estabelecimento. No ponto, o termo operação exsurge na acepção de ato mercantil; o vocábulo circulação é empregado no sentido jurídico de mudança de titularidade e não de simples movimentação física do bem, e à expressão mercadoria é atribuída a designação genérica de coisa móvel que possa ser objeto de comércio por quem exerce mercancia com freqüência e habitualidade.

6. Por outro lado, cumpre observar que *o termo consumo, empregado pela Constituição Federal ao dispor que o imposto incidirá também na importação de mercadoria, ainda que se trate de bem destinado a consumo ou ativo fixo do estabelecimento, diz respeito ao estabelecimento comercial e não à pessoa física que importe bens para seu gozo e fruição. A expressão estabelecimento tem o mesmo sentido do que lhe confere o Código Comercial (C. Com., artigo 1º. III, 2ª parte), de tal modo a designar o próprio local ou o edifício em que a profissão é exercida, compreendendo todo o conjunto de instalações e aparelhamentos necessários ao desempenho do negócio ou profissão de comerciante, componentes do fundo de comércio.*

7. Fixadas essas premissas, há que se concluir que o imposto não é devido pela pessoa física que importou o bem, visto que não exerce atos de comércio de forma constante nem possui "estabelecimento destinatário da mercadoria", hipótese em que, a teor do disposto no artigo 155, IX, alínea "a", da Constituição Federal, o tributo devido ao Estado da sua localização (RE nº 144.660-RJ, Pleno, redator para o acórdão Min. Ilmar Galvão, DJU 21.11.97).

8. Observo, ainda, *a impossibilidade de se exigir o pagamento do ICMS na importação de bem por pessoa física, dado que, não havendo circulação de mercadoria, não há como se lhe aplicar o princípio constitucional da não-cumulatividade do imposto, pois somente ao comerciante é assegurada a compensação do que for devido em cada operação com o montante cobrado nas anteriores pelo mesmo ou outro Estado ou pelo Distrito Federal.*

9. Assim sendo, creio não poder afastar-me do que penso ser a melhor exegese para o cabal entendimento da regra constante da letra a, do inciso IX, do artigo 155 da Carta da República. De fato, se lido com um só fôlego o texto, poder-se-á extrair que o imposto é devido por se tratar de bem destinado ao consumo, hipótese em que, a meu ver, se desfaz essa afirmação ao concluir que o preceito com peremptória negativa desse primeiro enunciado, tanto mais que o imposto só é devido ao Estado onde estiver situado o estabelecimento destinatário da mercadoria ou do serviço.

10. A toda evidência, pessoa física, como é o caso dos autos, de carne e osso, não é pessoa jurídica para se transformar em estabelecimento destinatário da mercadoria![120] (grifou-se)

Por fim, não se poderia deixar de citar, para alcançar a dimensão normativa da não-cumulatividade do ICMS na jurisprudência do Supremo Tribunal Federal, o posicionamento seguido no Recurso Extraordinário n° 212.209-2 – RS,[121] em Sessão Plenária datada de 23 de junho de 1999, acerca da inclusão do imposto em sua própria base de cálculo.

Desse julgamento, em que restou concluído que "a inclusão do ICMS da própria operação em sua base de cálculo é contingência do princípio da não-cumulatividade, é essencial a sua mecânica", merece transcrição a seguinte intervenção do Relator para o acórdão, Ministro Nelson Jobim:

MIN. NELSON JOBIM:
Sempre se disse que o valor do Imposto sobre Circulação de Mercadorias é pago, ao fim e ao cabo, pelo consumidor final, porque esse valor passa a integrar, nas diversas seqüências das operações, o preço do tributo.
Vejamos a seguinte hipótese, meramente matemática: admitindo que um produto, no valor de cem reais, vendido da empresa "A" para a empresa "B", sobre ela incidisse uma alíquota de 18%, que é mais ou menos a praticada, teríamos 18% do imposto. Quanto a empresa adqui-

---

[120] RE n° 203.075-9 – DF, STF, Pleno, Rel. p/ o Acórdão Min. Maurício Corrêa, DJ 29-10-1999.
[121] RE n° 212.209-2 – RS, STF, Pleno, Rel. p/ o Acórdão Min. Nelson Jobim, DJ 14-02-2003.

rente paga? Cem ou cento e dezoito reais? Se ele adquire por cento e dezoito, a operação que ele praticou foi de cento e dezoito. Isto é verdadeiro, porque em 1966, quando se criou o tributo, foi dito que a alíquota da operação subseqüente incidiria sobre a base de cálculo de impostos anteriores. Criou-se uma fórmula de mercado de transferência para o adquirente do imposto pago. Admitindo-se que seja verdadeiro o que estou dizendo, se o valor da mercadoria inicialmente era de cem reais e o imposto era de 18%, foi vendida, transferida para o primeiro adquirente, o segundo na operação, por cento e dezoito reais. Esta mercadoria adquirida foi utilizada como insumo para um produto qualquer desse adquirente, e agregou-se a esse valor mais cem reais. Essa mercadoria vai para o mercado por duzentos e dezoito, nos quais estaria imbutido o valor do tributo que o adquirente, tendo em vista a regra de 1966, estava transmitindo para o adquirente final. Sobre esses duzentos e dezoito reais, teríamos uma nova alíquota de 18%, que resultaria um tributo no valor de 39,24, sendo que o adquirente teria um crédito relativo ao tributo da operação anterior de 18%. O que teríamos? O produtor inicial estaria devendo ao Estado dezoito reais, que foram pagos no preço de venda a ser transmitida pelo segundo adquirente, que colocaria o produto no mercado por duzentos e dezoito reais, e sobre este valor incidiria 18%, resultante de um tributo no valor R$ 39,24. Mas, ele tem o crédito da operação anterior. Logo, o tributo devido pelo segundo adquirente, considerando a operação de débito e crédito, na sua contabilidade, seria de R$ 21,24, que daria os R$ 39,24 sobre o total da operação. Nesse caso, não haveria cumulatividade.

Agora, se a tese proposta no recurso extraordinário for verdadeira, então teríamos uma alíquota de 18% na primeira operação; na segunda operação não se levaria em conta cento e dezoito, mas cem, ao qual se agregariam os outros cem. Então, sobre os duzentos teríamos uma alíquota de 18%, o que daria um valor de trinta e seis; descontando o crédito anterior de 18%, ficaria pago, na segunda operação, dezoito.

No entanto, desde 1966, reiterado em 1996 pelo advento da Lei Complementar nº 87, temos uma regra que determina práticas de mercado, qual seja, o ICMS é base ed cálculo, e constitui-se o montante do próprio imposto mera indicação para fins de controle e base de cálculo do tributo. Logo, é isto que faz com que todo discurso que ouvimos, em termos de discussão tributária, se diga que, ao fim e ao cabo, quem paga o imposto final é o consumidor final, aquele que não passa adiante. Se isso é verdade, e creio que seja, porque esse é o hábito que decorreu do próprio texto, o que vamos ter?

[...]

Então veja, Ministro, nessa hipótese, o que vamos ter? Se a tese for verdadeira, o terceiro, ou seja o último vendedor, vai apropriar-se daquilo que estava embutido no preço da diferença de R$ 21,24 para 18,00, ou seja, em torno de R$ 3,24.
Sr. Presidente, eminente Relator, creio que temos de um lado o aspecto prático, onde procurei demonstrar que isso vai representar, nada mais, nada menos, a seguinte circunstância: o vendedor final pagará duzentos e dezoito reais pelo produto, sendo que desses duzentos e dezoito, dezoito deveriam ser do Estado, mas que desses dezoito, R$ 3,24 seriam apropriados pelo vendedor a título de diferencial.
Creio que a regra de 1966 e esta fórmula são uma maneira de explicitar aquilo que o Ministro Moreira Alves quis dizer agora com o imposto sobre a totalidade da operação integrar não só o valor do próprio imposto, como também seguro, juros, demais importâncias pagas, ou seja, um conjunto que representa a viabilização jurídica da operação.[122]

Da mesma forma, vale citar a seguinte manifestação do Ministro Moreira Alves acerca da não-cumulatividade do ICMS:

MIN. MOREIRA ALVES:
Há que fazer duas observações. Se o ICMS não for imposto por dentro, jamais chegaremos ao que se deve chegar com a observância do princípio da não-cumulatividade, com o seu jogo de compensações. Ademais, o fato gerador é que decorre da Constituição, mas é a lei complementar que impõe a base de cálculo, e ela só seria inconstitucional, nesse ponto, se estabelecer base de cálculo que não se coadune com o fato gerador, o que não ocorre aqui, em que a base de cálculo é a única que se compatibiliza com o próprio imposto, inclusive para a observância do princípio da não-cumulatividade.[123]

Merece menção, ainda, o posicionamento manifestado pelo Ministro Ilmar Galvão:

MIN. ILMAR GALVÃO:
Em votos anteriores, tenho assinado que o sistema tributário brasileiro não repele a incidência de tributo sobre tributo. Não há norma constitucional ou legal que vede a presença, na formação da base ed cálculo de qualquer imposto, de parcela resultante do mesmo ou de outro tributo,

---
[122] RE nº 212.209-2 – RS, STF, Pleno, Rel. p/ o Acórdão Min. Nelson Jobim, DJ 14-02-2003.
[123] Ibidem.

salvo exceção, que é a única, do inciso XI do § 2º do art. 155 da Constituição, onde está disposto que o ICMS não compreenderá, em sua base de cálculo, o montante do imposto sobre produtos industrializados, quando a operação, realizada entre contribuintes e relativa a produto destinado à industrialização ou à comercialização, configure fato gerador dos dois impostos.

Aliás, como assinalou o eminente Ministro Moreira Alves, *o princípio da não-cumulatividade aplicável ao ICMS não tem outro sentido senão e justamente impedir a tributação em cascata, é um meio de compensar o que se pagou pelo mesmo tributo anteriormente. Por meio da compensação, anula-se praticamente a incidência do ICMS sobre o tributo que integra o preço da mercadoria relativamente a operações anteriores.*

Se, na verdade, não pudesse haver tributo embutido na base de cálculo de um outro tributo, então não teríamos que considerar apenas o ICMS, mas todos os outros. O problema se mostra relativamente à contribuição para o IAA e para o IBC, não havendo como afastar essas contribuições da base de cálculo do ICMS.

Por que então, o problema em torno do ICMS sobre ICMS e não do ICMS sobre o IPI, sobre as contribuições (COFINS, PIS)? Na verdade, o preço da mercadoria, que serve de base de cálculo ao ICMS, é formado de uma série de fatores: o custo; as despesas com aluguel, empregados, energia elétrica; o lucro; e, obviamente, o imposto pago anteriormente. O problema, diria que até de ordem pragmática, em face da dificuldade, quase incontornável, de eliminar-se da base de cálculo de um tributo tudo o que decorreu de tributação.

O inciso do art. 34 do ADCT, sobre energia elétrica, é a prova do afirmado, ao estabelecer que o imposto é cobrado sobre o valor da operação final. É assim que o ICMS incide.[124] (grifou-se)

Digna de nota, finalmente, a conclusão do Ministro Sepúlveda pertence acerca dos debates:

MIN. SEPÚLVEDA PERTENCE:
Sr. Presidente, a discussão e os votos que me antecederam me convenceram de que, ao invés de contrariá-lo, a inclusão do ICMS da própria operação em sua base de cálculo é contingência do princípio da não-cumulatividade, é essencial a sua mecânica.[125]

---

[124] RE nº 212.209-2 – RS, STF, Pleno, Rel. p/ o Acórdão Min. Nelson Jobim, DJ 14-02-2003.
[125] Ibidem.

Por fim, para se alcançar a dimensão normativa da não-cumulatividade do ICMS na jurisprudência da Corte Suprema, não se poderia deixar de referir os Recursos Extraordinários nº 195.621-6 – GO[126] e nº 70.204 – SC.[127] No primeiro deles, porque se analisou, sob a égide da Constituição Federal de 1988, situação em que a Fazenda do Estado de Goiás, diante de infrações cometidas pelo contribuinte, atribui-lhe regime especial, por meio de Portaria, com a obrigatoriedade do recolhimento diário do ICMS.

E o entendimento adotado pelo Supremo Tribunal Federal, seguindo a orientação consagrada nos Embargos no Recurso Extraordinário nº 115.452-7 – SP,[128] foi no sentido reconhecer a violação à não-cumulatividade do ICMS, como demonstra o seguinte excerto do voto do relator, Ministro Marco Aurélio:

> Se, de um lado, ao fisco é assegurado o controle, a fiscalização e a arrecadação dos tributos pela ordem jurídica constitucional em vigor, de outro não menos correto é que não pode introduzir no cenário jurídico procedimento que, alcançando a liberdade de comércio, acabe por criar situação diferenciada relativamente ao prazo de recolhimento do tributo. A Carta da República, ao garantir, no preceito do inciso XIII, o livre exercício de qualquer trabalho, ofício, ou profissão, atendidas as qualificações profissionais que a lei estabelecer, revela a igualização de tratamento, não sendo admissível enfoque que acabe em desequilíbrio com nefastos efeitos no campo da livre concorrência. Ao fisco incumbe, na hipótese de infração fiscal, atuar, exercendo, assim, a fiscalização. Daí vir a *introduzir sistema diferenciado no tocante ao recolhimento do tributo, chegando à determinação do recolhimento diário, quando se tem um sistema geral de crédito e débito para ajuste nos primeiros dias do mês subseqüente, é passo demasiadamente largo, que se mostra desproporcional e discrepante da razoabilidade, tendo em vista o objetivo perseguido. Até mesmo o princípio da não-cumulatividade fica solapado.* É que, obrigada ao recolhimento diário, não terão as recorrentes como implementá-lo, consideradas as entradas de mercadoria e, portanto, os créditos relativos ao Imposto sobre Circulação de Mercadorias

---

[126] RE nº 195.621-6 – GO, STF, 2ª Turma, Rel. Min. Marco Aurélio, DJ 10-08-2001.
[127] RE nº 70.204 – SC, STF, Pleno, Rel. Min. Aliomar Baleeiro, DJ 30-04-1971.
[128] RE-ED-EDv nº 115.452 – SP, STF, Pleno, Rel. Min. Carlos Velloso, DJ 06-11-1990.

e Serviços recolhidos na origem, passando a satisfazer o tributo conforme notas fiscais expedidas. Como ciência, em Direito, o meio justifica o fim, mas não este, àquele.[129] (grifou-se)

Já no segundo julgamento, proferido em relação ao sistema jurídico abrigado pela Constituição Federal de 1967, porque evidencia o entendimento já consolidado pelo Pretório Excelso, no sentido de que a não-cumulatividade do ICMS, prevista constitucionalmente, não pode ser restringida por norma de hierarquia inferior.

Nesse sentido, concluiu o Colendo Sodalício que violou a norma constitucional o teto de 80% (oitenta por cento) imposto pelo Estado de Santa Catarina ao creditamento do ICMS recolhido em decorrência de saídas de mercadorias, em acórdão ementado nos seguintes termos:

I.C.M. – CRÉDITOS REDUZIDOS POR LEI LOCAL – Viola o princípio constitucional da não cumulatividade do I.C.M. a lei do Estado que limita a 80% o crédito pela saída de mercadorias em certo período, criando destarte, obliquamente empréstimo compulsório estranho à competência estadual (C.F., art. 24, § 5º. C.T.N., D.-lei n. 405). Declarada a inconstitucionalidade do art. 25, da Lei n. 3.985/67, de Santa Catarina. (grifou-se)

Demonstrados os contornos atribuídos pela jurisprudência do Supremo Tribunal Federal à não-cumulatividade do ICMS, verifica-se que a qualificação que lhe é concedida pelo Pretório Excelso – acompanhando a doutrina tributária nacional, como exposto no ponto anterior – é a de "princípio constitucional".

Cumpre que se examine, então, na parte seguinte do estudo, a partir de uma visão crítica, amparada nos modernos estudos apresentados pela Teoria Geral do Direito acerca da distinção entre as espécies normativas "princípio" e "regra", a correção dessa classificação, de modo a poder precisar a real eficácia do instituto.

---

[129] RE-ED-EDv nº 115.452 – SP, STF, Pleno, Rel. Min. Carlos Velloso, DJ 06-11-1990.

3. A eficácia da não-cumulatividade do ICMS

3.1. A distinção entre princípio e regra

Estudada a dimensão normativa da não-cumulatividade do ICMS – tanto sob a ótica da doutrina tributária nacional quanto da jurisprudência do Supremo Tribunal Federal –, cumpre, nesta segunda parte do trabalho, demonstrar a definição conceitual das espécies normativas princípio e regra, formulada a partir das lições dos principais doutrinadores modernos que dissertaram sobre o assunto, com o objetivo de, promovendo a adequada qualificação do instituto, revelar seu alcance e sua eficácia.

Para tanto, neste ponto, demonstrar-se-á a importância da distinção entre princípio e regra, analisando, a seguir, os critérios em que se basearam os principais estudos desenvolvidos sobre o tema para, e identificando, ao final, aqueles que se revelem úteis para a qualificação da não-cumulatividade do ICMS. É o que se passa a proceder.

Os modernos estudos apresentados pela Teoria Geral do Direito acerca da distinção entre as espécies normativas princípio e regra permitem, a partir de uma interpretação sistemática e hierarquizadora do direito, demonstrar a real eficácia da norma jurídica dentro do sistema em que estiver inserida, garantindo sua adequada aplicação e eficácia, o que denota a sua relevância.

A distinção faz-se necessária diante da admissão do caráter normativo dos princípios, já que, desse modo, assim como regras, eles passam a constituir espécie do gênero norma jurídica,[130] com as características peculiares às normas jurídicas.

De fato, embora as regras evidenciem mais a sua hipótese e conseqüência jurídica, os princípios também possuem um pressuposto de fato para a sua aplicação, ainda que enunciando uma série indeterminada de fatos e correspondentes conseqüências jurídicas.

Pois bem, para distingui-los, vários são os critérios apresentados, podendo-se afirmar a existência de duas grandes correntes doutrinárias.

O critério da abstração e da generalidade é apresentado por Esser.[131] Segundo ele, os princípios, diferentemente das regras, são normas com grau de abstração relativamente elevado. Essa corrente, que se pode denominar de antiga, entende que os dois tipos de regramentos seriam normas gerais e abstratas, que se distinguiriam pelo "grau". Os princípios teriam grau de generalidade e abstração maior, enquanto as regras teriam grau de abstração nulo ou muito pequeno.

Já o critério do grau de determinabilidade da aplicação no caso concreto é trazido, além de Esser, entre outros, por Canaris.[132] Para essa corrente, que se pode denominar

---

[130] As normas jurídicas estabelecem conseqüências jurídicas específicas para a concretização da hipótese que prevêem: "se se dá o fato F, então o sujeito S deve fazer, deixar de fazer ou deve omitir, ou pode fazer ou pode omitir a conduta C, ante outro sujeito S". (GRAU, Eros. *A Ordem Econômica na Constituição Federal de 1988*. São Paulo: Revista dos Tribunais, 1990, p. 110)

[131] ESSER, Josef. *Principio y norma em la elaboración jurisprudencial Del Derecho Privado*. Barcelona: Bosch, 1961, p. 195.

[132] CANARIS, Claus-Wilhelm. *Pensamento Sistemático e Conceito de Sistema na Ciência do Direito*. 2 ed. Lisboa: Calouste Gulbenkian, 1996, p. 96.

mais recente, a distinção se daria pelo modo de aplicação e pela forma que o intérprete pondera entre regras e princípios, já que ambos mantêm a capacidade interpretativa dos operadores do direito. Segundo ela, os princípios dependem de mediações concretizadoras para serem aplicados no caso concreto, uma vez que vagos e indeterminados, ao passo que as regras podem ser aplicadas diretamente.

Outros, ainda, como Larenz,[133] apresentam, como critério para distinguir princípios e regras, a ligação com o Direito, ou seja, os princípios estão radicados no próprio conceito de Direito, ao passo que as regras possuem conteúdo meramente funcional. Esser e Canaris[134] defendem, também, que a distinção entre princípios e regras é fundada na função normogenética, considerando que os princípios constituem fundamento para as regras.

A indicação de que não há apenas uma diferença de grau entre princípios e regras – considerando o caráter da generalidade apresentado por ambos –, mas uma diferença de natureza, uma vez que a generalidade dos princípios distingue-se da caracterizadora das regras, foi apresentada inicialmente por Boulanger.[135] Para ele, as regras são gerais porque estabelecidas para um número indeterminado de casos. Já os princípios, embora igualmente gerais, disciplinam uma série indefinida de situações. Verifica-se, a partir dessa distinção, que as regras não admitem exceções que, mesmo em teoria, não possam ser exaustivamente enunciadas, diferentemente dos princípios, que não admitem sequer que se declare a própria hipótese de aplicação.

---

[133] LARENZ, Karl. *Metodologia da Ciência do Direito*. 3. ed. Lisboa: Calouste Gulbenkian, 1997, p. 236; 674.
[134] CANARIS, op cit., p. 77.
[135] GRAU, Eros. *A Ordem Econômica na Constituição Federal de 1988*. São Paulo: Revista dos Tribunais, 199, p. 95.

Expostas as teorias acima, cumpre referir a distinção entre princípios e regras na lição de Dworkin,[136] que a qualifica como uma distinção lógica – e não apenas de grau –, cujos critérios são a forma de aplicação e a circunstância de possuírem ou não uma dimensão de peso. Ao seu ver, as regras são aplicáveis na forma "tudo-ou-nada" (all-or-nothing), de maneira que, uma vez ocorridos os fatos previstos na norma, a regra é válida e suas conseqüências devem ser, necessariamente, implementadas.[137] Elas possuem dimensão de peso, de acordo com seu papel maior na disciplina de condutas, devendo prevalecer, em um conflito, aquela com maior peso. Dessa forma, diante de um conflito de regras, sem que nenhuma estabeleça exceção para outra, verificar-se-á, necessariamente, a invalidade de uma delas.[138] Revela-se uma insuperável incompatibilidade, que conduz necessariamente à eliminação da norma inválida do sistema.[139]

Para Dworkin, o próprio sistema jurídico deve regular, por meio de outras regras, o conflito de regras, decidindo qual será válida, segundo um critério específico (temporal, de autoridade, de especificidade, etc.).[140] Desse modo, como as exceções apresentadas pelas regras integram o seu próprio conteúdo, uma enunciação precisa sua deverá incluir a listagem, exaustiva, de suas exceções. Do contrário, a regra será inexata e incompleta.

Já os princípios, no entendimento de Dworkin, não estabelecem quais as conseqüências jurídicas que devem se seguir, no caso da concretização das condições neles previstas,[141] nem sequer pretendem estabelecer condições

---

[136] DWORKIN, Ronald. *Taking rights seriously.* 6 ed. Londres: Duckworth, 1991, p. 24.
[137] Ibidem, p. 24.
[138] Ibidem, p. 27.
[139] GRAU, op. cit., p. 99.
[140] Ibidem, p. 95.
[141] DWORKIN, Ronald. *Taking rights seriously.* 6 ed. Londres: Duckworth, 1991, p. 25.

que façam necessária a sua aplicação, pois visam, precipuamente, a apontar uma direção, revelando o sentido de uma decisão, mas sem indicar uma em específico.[142] Existem situações em que princípios indicam outras soluções ao problema enfrentado, não prevalecendo o primeiro, o que não acarreta o seu afastamento do sistema. De fato, em outro caso, revelando-se ele o de maior peso, poderá ser utilizado para a decisão, de maneira que se deverá avaliar, em cada situação, quais os princípios adequados, o que permite concluir que diversas as soluções que podem ser alcançadas, caso se privilegie ora a utilização de um princípio, ora de outro.[143] Verifica-se, assim, que os princípios possuem dimensão de peso ou de importância evidentemente distinta das regras.[144]

Em uma interação entre princípios, cada princípio apresentará uma razão em favor de uma solução específica, mesmo que não defina como conseqüência necessária de sua aplicação, demonstrando que, em uma colisão, haverá que se ponderar o peso de cada um dos envolvidos, prevalecendo o princípio mais elevado. Desse modo, como não há precisão decorrente dessa ponderação, o processo revela-se, muitas vezes, mais importante do que o próprio julgamento controvertido.[145]

Diferentemente das regras, os princípios possuem contra-instâncias, e não exceções, que não podem, por mais completa que seja a enunciação do princípio, nem mesmo teoricamente, abranger a todas elas.[146]

De outra parte, na lição de Alexy – que se fundamenta nos estudos de Dworkin –, a diferença entre princípios e

---
[142] DWORKIN, Ronald. *Taking rights seriously*. 6 ed. Londres: Duckworth, 1991, p. 26.
[143] Ibidem.
[144] Ibidem.
[145] Ibidem.
[146] Ibidem.

regras não reside apenas no grau, mas se trata de uma distinção de qualidade.[147]

Ao seu ver, o que diferencia sua distinção daquela formulada por Dworkin é a qualificação dos princípios como mandados de otimização. Ele os caracteriza como normas que ordenam a realização de algo na maior medida possível, dentro das possibilidades fáticas e jurídicas existentes, que determinarão a medida de seu cumprimento. Desse modo, os princípios são mandados de otimização e caracterizam-se por poderem ser cumpridos em diferentes graus.[148] De outro lado, as regras, para ele, são normas que exigem cumprimento integral, tratando-se, assim, de "mandados definitivos", que podem ou não ser realizados. Dessa maneira, sendo válida, a regra deve ser cumprida, caso contrário, deve ser afastada do ordenamento jurídico. Trata-se, portanto, de determinação no âmbito do fática e juridicamente possível.[149] Caso se exija que a norma seja cumprida na maior medida possível, dentro das circunstâncias jurídicas e fáticas, tratar-se-á de um princípio. Já no caso de se exigir uma determinada medida de cumprimento, estar-se-á diante de uma regra.

Evidencia-se a distinção diante de colisões entre princípios e de conflitos entre regras, uma vez que, em ambos, a aplicação de duas normas, separadas, conduzem a resultados distintos e incompatíveis, posto que se estará diante de juízos de dever ser jurídicos contraditórios.[150]

Da mesma forma no que se refere à solução do conflito, que será diferente em se tratando de regras ou princípios.[151]

---
[147] ALEXY, Robert. *Teoria de los Derechos Fundamentales*. Madri: Centro de Estúdios Constitucionales, 1993, p. 87.
[148] Ibidem, p. 86.
[149] Ibidem, p. 87.
[150] Ibidem.
[151] Ibidem.

No primeiro caso, a solução decorre da introdução de uma cláusula de exceção em uma delas, eliminando o conflito por meio da possibilidade de que ambas não sejam simultaneamente aplicáveis, ou declarando sua invalidade. Como se vê, a decisão refere-se à validade. No entender de Alexy, o conceito de validade jurídica não é graduável, ou vale ou não a regra. Valendo, aplicável e dela decorrem suas conseqüências jurídicas.[152]

Diferentemente ocorre em relação à colisão entre princípios, onde o que se verifica é que cada um limita a possibilidade jurídica do cumprimento do outro, pois as possibilidades jurídicas da medida de aplicação de cada princípio são determinadas justamente por regras e princípios que se opõem a sua aplicação,[153] o que leva à necessidade de que os princípios sejam ponderados. Nesses casos, um dos princípios deve ceder em favor do outro. Porém, diante disso não significa que o princípio que não prevaleceu seja inválido e deva ser eliminado do ordenamento jurídico. Da mesma forma, não significa que nele se haja incluído uma cláusula de exceção para que em todos os casos futuros esse princípio haja que ser considerado como uma regra satisfeita ou não.[154]

Na verdade, ocorre nessas circunstâncias uma precedência de um princípio em relação ao outro, o que não assegura a mesma preferência em outra situação, que poderá, naturalmente, ser solucionada de forma diversa. De acordo com as particularidades de cada caso, estabelece-se uma relação de precedência condicionada entre um princípio e os demais que se encontram na colisão. A determinação da relação de precedência condicionada consiste em demonstrar as condições nas quais um princípio pre-

---

[152] ALEXY, Robert. *Teoria de los Derechos Fundamentales*. Madri: Centro de Estúdios Constitucionales, 1993, p. 88.
[153] Ibidem, p. 86.
[154] Ibidem, p. 89.

cede outro.[155] Essa a razão pela qual se diz que, diante das situações concretas, os princípios podem dispor de pesos diferentes, prevalecendo aquele que possuir maior peso relativo naquele caso.[156]

Como se verifica, diferentemente do conflito entre regras, resolvido na dimensão da validade, a colisão entre princípios é solucionada também na dimensão de peso.[157] Dessa forma, embora a dimensão de validade não possa ser olvidada, uma vez que apenas princípios válidos podem colidir, a dimensão de peso é preponderante. Nesse contexto, torna-se extremamente relevante estabelecer sob que condições um princípio haverá que prevalecer em relação a outro.[158]

Verifica-se, ainda, que essas condições constituem o pressuposto de fato de uma regra, expressando a conseqüência jurídica do princípio que prevaleceu, ou seja, toda a ponderação de princípio conduz à elaboração de uma regra a que pode subsumido o caso, que é denominada "lei de colisão" ou "lei de ponderação".[159]

Cumpre observar, ainda, que a conclusão sobre determinada colisão de princípios pode estabelecer relações de prioridade importantes para a decisão de novos casos, o que reflete o caráter dos princípios como mandados de otimização, demonstrando que entre os princípios não existem relações absolutas de precedência e que não há como quantificar as ações e situações a que eles se referem.

A distinção entre princípios e regras em relação ao caráter *prima facie* também é exposta por Alexy. Como mandados de otimização, os princípios determinam que algo seja realizado na maior medida possível, diante das possi-

---
[155] ALEXY, Robert. *Teoria de los Derechos Fundamentales.* Madri: Centro de Estúdios Constitucionales, 1993, p. 89.
[156] Ibidem.
[157] Ibidem.
[158] Ibidem, p. 93.
[159] Ibidem, p. 94.

bilidades jurídicas e fáticas do caso concreto, faltando-lhe, portanto, determinação de seu conteúdo em relação aos princípios e regras contrapostos e às possibilidades jurídicas. Isso ocorre porque os princípios apresentam razões que conduzem a uma determinada solução, mas essas razões podem ser afastadas por outras, impostas por outro princípio que, no caso concreto, possua maior peso. Assim, mesmo que seja aplicável em um caso, isso não significa que o que o princípio exige para o caso seja o resultado definitivo. Por isso, dispõe de mandados *prima facie*, jamais mandados definitivos. De outro lado, as regras determinam que se faça exatamente o que elas ordenam, contendo, assim, um mandamento na esfera das possibilidades jurídicas e fáticas. Desse modo, a determinação contida nas regras pode fracassar, em função de impossibilidades jurídicas ou fáticas, redundando em sua invalidez. Porém, se se está diante do caso previsto, vale definitivamente o que a regra ordena. Destarte, as regras contêm mandados definitivos, que são perdidos quando uma cláusula de exceção é nelas inserida.

Alexy adota entendimento, diferentemente de Dworkin, no sentido de que as cláusulas de exceção introduzíveis nas regras, inclusive com base em princípios, não são passíveis de enumeração, visto que, em um novo caso, sob o influxo de outros princípios, seja necessário se introduzir nova cláusula de exceção. Dessa forma, as regras adquirem também um caráter *prima facie*, mas ainda distinto e mais forte do que o caráter *prima facie* dos princípios. Por esse motivo, Alexy entende que os princípios são sempre razões *prima facie*, enquanto as regras são razões definitivas, a menos que nelas se introduza uma cláusula de exceção.

Diante disso, Alexy posiciona-se no sentido de que a distinção entre princípios e regras não pode ser fundada sobre o modo de aplicação, da forma como proposto por Dworkin, mas sim na diferença quanto à forma de solucionar o conflito ou colisão, e na diferença quanto à obrigação que instituem, ou seja, absolutas, no caso das regras, e *prima facie*, em se tratando dos princípios.[160]

Além dos autores já citados, outros também contribuíram para a doutrina relativa à distinção entre princípios e regras. Entre eles, cumpre citar a doutrina de Ávila, que propõe a distinção entre princípios e regras com base na *"ligação da previsão normativa com a concretização dos fins ou condutas"*.[161] Ao seu ver, normas finalísticas estabelecem a realização de fins devidos. O seu conteúdo mediato consiste nas condutas a serem tomadas para a realização dos fins devidos, ou seja, as normas finalísticas definem condutas dirigidas ao alcance do fim almejado.[162]

A conduta humana, para Ávila, integra as regras e os princípios, como conteúdo direto, no primeiro caso, e indireto, no segundo. Para ele, a distinção reside no grau de determinação quanto à conduta considerada devida, já que nas regras a conduta é diretamente prevista, sem ligação direta com os fins, ao passo que a conduta deverá ser adequada para a realização do fim buscado, no caso dos princípios.[163]

Dessa forma, no entendimento de Ávila, a distinção entre princípios e regras é verificada na ligação com os fins, que pode ser direta e indireta, e no grau de determinação da conduta devida, que pode ser classificada como mais ou menos abstrata.[164] Assim, os princípios caracterizariam-se como "normas imediatamente finalísticas, para cuja concretização estabelecem com menor determinação qual o comportamento devido", e as regras como "normas mediatamente finalísticas, para cuja concretização esta-

---

[160] ÁVILA, Humberto. A distinção entre princípios e regras e a redefinição do dever de proporcionalidade, *Revista de Direito Administrativo*, n. 215, p. 151-179, jan./mar. 1999, p. 158.
[161] Ibidem, p. 167.
[162] Ibidem.
[163] Ibidem.
[164] Ibidem.

belecem com maior determinação qual o comportamento devido".[165] Partindo-se dessa diferenciação, verifica-se a importância dos princípios no ordenamento jurídico, uma vez que, possuindo menor grau de determinação no comando e maior generalidade em relação a seus destinatários, os princípios relacionam-se com maior número de normas, que se deixam abranger por seu ao conteúdo normativo.

Diante de todas as doutrinas expostas, verificados os diversos critérios propostos para que se realize a distinção entre princípios e regras, partir-se-á das lições dos autores referidos, com especial destaque a Dworkin e Alexy, para o exame do último ponto do presente estudo, qual seja, a qualificação da norma jurídica da não-cumulatividade do ICMS como "princípio" ou "regra", com o propósito de identificar sua real eficácia.

3.2. A eficácia da não-cumulatividade do ICMS

Neste último ponto, partindo das premissas demonstradas até aqui, analisar-se-á em qual das definições conceituais examinadas anteriormente – princípio ou regra –, sob a ótica dos modernos estudos apresentados pela Teoria Geral do Direito acerca da distinção, a não-cumulatividade do ICMS, tal como prevista atualmente no sistema tributário brasileiro, enquadra-se, com o intuito de, a partir de sua correta interpretação, garantir a adequada aplicação da norma constitucional e a sua efetividade. É o que se passa a proceder.

O sistema jurídico deve ser harmônico, de modo que o repúdio a entendimentos que contrariem as normas constitucionais decorre da necessidade de preservar sua unidade

---
[165] ÁVILA, Humberto. A distinção entre princípios e regras e a redefinição do dever de proporcionalidade, *Revista de Direito Administrativo*, n. 215, p. 151-179, jan./mar. 1999, p. 167.

e harmonia do sistema, erigida a partir da supremacia da Constituição Federal.

Nesse sentido, a lição de Lummertz:

> O ordenamento jurídico deve ser coerente, racional, lógico, deve poder ser descrito com proposições jurídicas harmônicas, que não se contradigam, não pode admitir contradições internas ou antinomias. Os diversos elementos que compõem o ordenamento jurídico devem guardar coerência entre si. Qualquer incompatibilidade contrastaria com o princípio da coerência e harmonia das normas do ordenamento jurídico. Além disso, o ordenamento jurídico deve também se apresentar como uma unidade, que constitui uma exigência da coerência narrativa do sistema jurídico.[166]

Desse modo, no que se refere à não-cumulatividade do ICMS, matéria constitucional da mais alta relevância teórica e prática para a atividade jurisdicional, em que se trata da própria supremacia da Constituição Federal, não se pode decidir com base em critérios meramente subjetivos, desprovidos de uma análise sistemática.

De fato, imprescindível que sejam apresentados os mais sólidos fundamentos jurídicos para se decidir, o que passa, necessariamente, pelo efetivo dimensionamento do conteúdo da norma constitucional.

Para se realizar o estudo proposto, então, relativo à eficácia da não-cumulatividade do ICMS, inevitável que se parta do exame de sua estrutura, levado a efeito na primeira parte do presente trabalho.

E, analisando o conteúdo extraído pela doutrina tributária nacional, a partir do estudo do ordenamento jurídico brasileiro, verificou-se que a não-cumulatividade do ICMS constitui um instrumento que cria direitos públicos subjetivos para o contribuinte, concretizados por meio de um mecanismo de compensações, visando a um sistema de tributação neutro e isonômico.

---
[166] LUMMERTZ, Henry Gonçalves. *Processo de Controle de Constitucionalidade: revisitando a inconstitucionalidade da norma*. 2006. Dissertação (Mestrado em Direito) Faculdade de Direito, UFRGS, Porto Alegre, 2006, p. 191-192.

Diante disso, a doutrina tributária nacional é quase unânime em qualificá-la como um "princípio constitucional", como exemplifica o dizer de Barreto:

> Concordando com esse posicionamento, o professor José Eduardo Soares de Melo afirma, categoricamente:
> "Por isso que "o que permite a assunção dos citados 'créditos' (em estrito rigor constitucional) é só a circunstância do contribuinte haver participado de operações anteriores envolvendo quaisquer produtos ou mercadorias" (nessas operações adquirindo-lhe a titularidade)".
> Essa compreensão corresponde à rigorosa interpretação jurídica da norma constitucional e ao significado econômico-financeiro da não-cumulatividade. Se houver conflito entre esses significados, haverá que prevalecer sua intelecção em termos jurídicos.
> Daí o não poder restar dúvida quanto ao conteúdo, sentido e alcance do preceito enunciador do princípio da não-cumulatividade (art. 155, § 2º, I) e, sobretudo, do *seu caráter de princípio básico, geral e irrestrito*.[167] (grifou-se)

Merece referência, também, a fim de comprovar esse entendimento, o escólio da doutrina de Greco:

> Este princípio leva em conta o ciclo econômico de produção e circulação como um todo, e visa distribuir equanimemente a carga tributária de modo que cada contribuinte suporte apenas a fração que lhe cabe no conjunto. Esta fração é identificada pelo mecanismo de dedução, cabendo sublinhar que a existência de acumulação deve ser vista não apenas numa etapa, mas sim à luz das etapas anteriores e subseqüentes que estiveram ou estarão sujeitas ao imposto. A cumulação que a Constituição proíbe, muitas vezes não detectada numa única operação, mas só resulta clara mediante um exame de todo o ciclo de operações.
> [...]
> Para o controle do atendimento à não-cumulatividade, isto é, para saber se houve violação ao princípio o modo mais simples é aplicar a regra segundo a qual o imposto total (somados os recolhimentos efetuados em todas as etapas do ciclo) não pode ser maior do que a multiplicação da alíquota aplicável pelo valor da última operação do ciclo econômico (ao consumidor final). Se o resultado apurado ultrapassar aquele valor,

---

[167] BARRETO, Aires Fernandino. O Princípio da Não-Cumulatividade na Esfera Estadual. *In:* MARTINS, Ives Grandra da Silva (Coord.). *O Princípio da Não-Cumulatividade.* São Paulo: Revista dos Tribunais; Centro de Extensão Universitária, 2004, p. 188.

em alguma etapa do ciclo houve cumulação do imposto, vale dizer, foi recolhido imposto maior do que o devido.[168]

No mesmo sentido, ainda, o posicionamento de Brito, ao asseverar que "[...] se pode avançar afirmando que a idéia de 'não-cumulatividade' é, entre nós, um 'princípio' tributário uma vez que garante a observância da capacidade econômica do contribuinte".[169] Mais, acredita Brito que esse "princípio", na forma como "adotado pela Constituição Federal de 1988 é direito fundamental, tal como ela própria define-o no § 2º do seu art. 5º".[170]

Distinta não é a qualificação concedida pela jurisprudência do Supremo Tribunal Federal à não-cumulatividade do ICMS. Como se demonstrou na primeira parte do presente estudo, o entendimento consagrado na jurisprudência do Pretório Excelso, ao analisar o conteúdo da norma constitucional, é no sentido de que se trata de um "princípio constitucional" que visa a "impedir que, na composição do preço da mercadoria, nas diversas fases do ciclo econômico, mormente na última, de venda ao consumidor final, a parcela representativa do tributo venha representar percentual excedente do que corresponde à alíquota máxima permitida em lei".[171]

Contudo, considerando o exame realizado no ponto anterior, relativo aos modernos estudos apresentados pela Teoria Geral do Direito acerca da distinção entre as espécies normativa "princípio" e "regra", não se pode considerar coerente a classificação concedida pela doutrina tributária nacional e pela jurisprudência do Supremo Tribunal Federal ao instituto da não-cumulatividade do ICMS.

---

[168] GRECO, Marco Aurélio; ZONARI, Ana Paola. ICMS: Materialidade e Princípios Constitucionais. In: MARTINS, Ives Gandra da Silva (Coord.). Curso de Direito Tributário. 2. ed. Belém: CEJUP, 1995. v.2.

[169] BRITO, Edvaldo. ICMS: Mercadorias Isentas. Crédito Fiscal Presumido: utilização. Ajustes: hipóteses de estorno do débito e de utilização extemporânea de crédito fiscal. Revista Dialética de Direito Tributário, n. 17, p. 69-90, fev. 1997, p. 82.

[170] Ibidem, p. 83.

[171] RE nº 212.019-7 – SP, STF, 1ª Turma, Rel. Min. Ilmar Galvão, DJ 21-05-1999.

Isso porque, mesmo qualificando-na como princípio, atribuem-lhe efeitos concernentes às regras. É o que demonstra, entre outros, o julgamento relativo à Medida Cautelar requerida pela CNI na Ação Direta de Inconstitucionalidade n° 2325, em que o Colendo Sodalício, embora referindo "princípio constitucional", adotou a orientação no sentido de que: *i*) a Constituição Federal de 1988 não estabeleceu o regime de compensação necessário à implementação da não-cumulatividade do ICMS; e *ii*) dessa forma, havendo previsto que a regulamentação do "regime de compensação do imposto" cabe à lei complementar, "nada impede que lei complementar fixe um novo critério".

Desse modo, seguindo-se a distinção proposta entre princípio e regra, a não-cumulatividade do ICMS não se enquadraria na definição conceitual de princípio, como apresentada por Ávila:

> Os princípios são normas imediatamente finalísticas, primariamente prospectivas e com pretensão de complementaridade e de parcialidade, para cuja aplicação se demanda uma avaliação da correlação entre o estado de coisas a ser promovido e os efeitos decorrentes da conduta havida como necessária à sua promoção.[172]

No dizer de Ávila, esse "fim"

> [...] consiste num ambicionado resultado concreto (extrajurídico); um resultado que possa ser concebido mesmo na ausência de normas jurídicas e de conceitos jurídicos, tal como obter, aumentar ou extinguir bens, alcançar determinados estados ou preencher determinadas condições, dar causa a ou impedir a realização de ações.[173]

Como se demonstrou na primeira parte do trabalho, no caso da não-cumulatividade do ICMS não há, ao ver da doutrina tributária nacional e da jurisprudência do Su-

---

[172] ÁVILA, Humberto. *Teoria dos Princípios: da definição à aplicação dos princípios jurídicos*. São Paulo: Malheiros, 2003, p. 70.
[173] Ibidem, 2003.

premo Tribunal Federal, a adequação da conduta para a realização do fim almejado.[174]

De outra parte, o tratamento que lhe é concedido é no sentido de que a conduta é diretamente prevista, razão pela qual a não-cumulatividade do ICMS enquadra-se, precisamente, na definição de regra apresentada pelo autor, já que se inclui dentre as normas

[...] imediatamente descritivas, primariamente retrospectivas e com pretensão de decidibilidade e abrangência, para cuja aplicação se exige a avaliação e correspondência, sempre centrada na finalidade que lhes dá suporte e nos princípios que lhe são axiologicamente sobrejacentes, entre a construção conceitual da descrição normativa e a construção conceitual dos fatos.[175]

De fato, partindo das premissas demonstradas na primeira parte do trabalho, verifica-se que não se exige que a norma da não-cumulatividade do ICMS seja cumprida na maior medida possível, dentro das circunstâncias jurídicas e fáticas, exigindo-se, sim, uma determinada medida de cumprimento, o que denota estar-se diante de uma regra.

E a regra constitucional da não-cumulatividade do ICMS tem como *"princípios que lhe são axiologicamente sobrejacentes"* os princípios da isonomia e da neutralidade fiscal. Senão veja-se.

A Justiça é decorrência lógica da igualdade. As pessoas são, por natureza, distintas umas das outras, de modo que, para se alcançar determinado fim colimado pela Constituição Federal, há necessidade de se estabelecer critérios que proporcionem minimizar essas distinções. A igualdade, portanto, corresponde à utilização de um critério visando a reduzir as diferenças existentes entre dois sujeitos, com o objetivo de alcançar um fim constitucionalmente previsto.

---
[174] ÁVILA, Humberto. A distinção entre princípios e regras e a redefinição do dever de proporcionalidade, *Revista de Direito Administrativo*, n. 215, p. 151-179, jan./mar. 1999, p. 167.
[175] Ibidem, p. 70.

A Constituição Federal de 1988 consagra o princípio da igualdade, em relação ao Sistema Tributário Nacional, no § 1º de seu artigo 145 e no inciso II de seu artigo 150, *in verbis*:

> Art. 145 – A União, os Estados, o Distrito Federal e os Municípios poderão instituir os seguintes tributos:
> [...]
> § 1º – Sempre que possível, os impostos terão caráter pessoal e serão graduados segundo a capacidade econômica do contribuinte, facultado à administração tributária, especialmente para conferir efetividade a esses objetivos, identificar, respeitados os direitos individuais e nos termos da lei, o patrimônio, os rendimentos e as atividades econômicas do contribuinte.
> [...]
> Art. 150 – Sem prejuízo de outras garantias asseguradas ao contribuinte, é vedado à União, aos Estados, ao Distrito Federal e aos Municípios:
> [...]
> II – instituir tratamento desigual entre contribuintes que se encontrem em situação equivalente, proibida qualquer distinção em razão de ocupação profissional ou função por eles exercida, independentemente da denominação jurídica dos rendimentos, títulos ou direitos;[176]

Quanto à dimensão normativa da igualdade, merece referência, por esclarecedora, a doutrina de Ávila:

> Na perspectiva da espécie normativa que a exterioriza, a igualdade é tridimensional. Sua dimensão normativa preponderante é de princípio, na medida em que estabelece o dever de buscar um ideal de igualdade, equidade, generalidade, impessoalidade, objetividade, legitimidade, pluralidade e representatividade no exercício das competências atribuídas aos entes federados. É necessário salientar, todavia, que a igualdade possui sentido normativo indireto tanto de regra, na medida em que descreve um comportamento a ser adotado pelo Poder Legislativo e pelo Poder Executivo, determinando a igualdade de tratamento para situações equivalentes, quanto de postulado, porquanto exige do aplicador a consideração e avaliação dos sujeitos envolvidos, dos critérios de diferenciação e das finalidades justificadoras da diferenciação. [...][177]

---

[176] BRASIL. Constituição da República Federativa do Brasil de 1988. *Diário Oficial [da] República Federativa do Brasil*, Brasília, DF, 05 out. 1988. Disponível em: https://www.planalto.gov.br/ccivil_03/Constituicao/ Constituiçao.htm. Acesso em: 28 jul. 2006

[177] ÁVILA, Humberto. *Sistema Constitucional Tributário*. São Paulo: Saraiva, 2004, p. 334-335.

Considerando, então, que: *i*) a finalidade almejada pela igualdade é a de que os sujeitos que se encontrem em situação idêntica sejam igualmente tributados;[178] e *ii*) o assegurado com a não-cumulatividade do ICMS, como demonstrado na primeira parte do trabalho, é justamente que os sujeitos que adquiram uma mesma mercadoria suportem a mesma carga tributária – sobre o valor agregado –, independentemente de o ciclo produtivo de uma delas ser maior; inevitável reconhecer-se que a não-cumulatividade do ICMS decorre da concretização da igualdade.

Esse entendimento, no sentido de que a não-cumulatividade do ICMS deriva do princípio da igualdade, faz-se presente também nos ensinamentos de Melo e Lippo – embora qualifiquem o instituto, equivocadamente, como "princípio" –, abaixo transcritos:

> Há, pois, alguma congruência entre os princípios da igualdade e da capacidade contributiva com o princípio da não-cumulatividade do ICMS? Evidentemente que há. [...]
> No âmbito estreito de tributos como ICMS, IPI e também Cofins, onde o gravame tributário é normalmente incorporado no preço de cada etapa, até atingir o consumidor final dos bens e serviços, é induvidoso que sem o respeito à não-cumulatividade o primado da igualdade e da capacidade contributiva serão violados. Sendo ela uma sistemática que tem por finalidade preservar o preço real dos bens e serviços postos à disposição dos consumidores, nenhuma empresa poderá deixar de observá-lo.
> Os princípios da igualdade e da capacidade contributiva, por seu turno, como já se viu, são comandos constitucionais endereçados ao legislador ordinário. A ele incumbe a tarefa de instituir impostos que sejam uniformes e que respeitem a capacidade econômica de todos aqueles que estejam na mesma situação jurídica. Assim, deverá o legislador impor aos agentes do ciclo de produção/comercialização/prestação de serviços, uma única regra de conduta, para que a carga tributária incorporada ao preço das mercadorias seja uniforme. Sendo referidos tributos submetidos ao princípio da não-cumulatividade, não será possível que algumas pessoas sejam mais beneficiadas do que outras no transcorrer

---

[178] ÁVILA, Humberto. *Sistema Constitucional Tributário*. São Paulo: Saraiva, 2004. p. 337.

do ciclo produtivo/comercial. Da mesma forma, a lei não poderá estabelecer que em certa etapa do ciclo a incumulatividade seja abolida. A igualdade e a capacidade contributiva de cada um dos agentes do ciclo de produção, comercialização ou prestação dos serviços de transporte e de comunicações, estão intimamente ligadas à capacidade econômica dos mesmos. A sua preservação pelo legislador ordinário faz com que se mantenha o poder do consumidor de adquirir esses produtos e serviços.

Jose Juan Ferreiro Lapatza esclarece que uma sociedade politicamente organizada, que aceita como princípios gerais da tributação a igualdade de todos perante a lei, da capacidade econômica como forma de aplicar uma igualdade efetiva na distribuição dos tributos e a generalidade na contribuição da sustentação e financiamento do gasto público, deve formular leis que respeitem e efetivamente apliquem nas relações sociais concretas, aqueles princípios. E mais adiante explica-nos que "[...] la adecuación de la Ley al principio constitucional da capacidad econômica exige, que el texto de la Ley haga ver de modo explicito la intención Del legislador de gravar em términos econômicos y em definitiva, no al fabricante sino al consumidor final". E finalmente ressalta: "Y para que esta aplicación efectiva tenga lugar, insisto, es preciso que el ordenamento jurídico reconozca y brinde la proteccción adecuada a todas lãs relaciones sociales que conduzcan a que el sujeto que el legislador quiere gravar com impuesto sea efectivamente el sujeto gravado por este impuesto".

Estas palavras são precisas. O legislador ordinário, determinando que o princípio da não-cumulatividade se estenda sobre cada um dos agentes do ciclo, estará impondo a preservação do valor real dos bens e serviços, de forma que todos eles, inclusive o consumidor final, tenha a capacidade econômica garantida e preservada.[179]

O posicionamento de Melo é renovado no seguinte trecho de sua doutrina:

A expressão "não-cumulatividade" tem naturais implicações de cunho financeiro, demandado considerações de índole econômica e até mesmo política. Entretanto, para que possa ser compreendida a abrangência de seu significado, é imprescindível considere os diversos princípios jurídicos, para que possa ser alcançado o seu verdadeiro desígnio constitucional.

---

[179] MELO, José Eduardo Soares de; LIPPO, Luiz Francisco. *A Não-Cumulatividade Tributária*. São Paulo: Dialética, 1998, p. 101.

Concerne à evolução cultural, social, econômica e jurídica do povo. Sendo essencial, sua supressão do texto constitucional causaria sério abalo na estrutura sobre a qual foi organizado o sistema tributário do Estado. Consistindo-se num sistema operacional destinado a minimizar o impacto do tributo sobre o preço dos bens e serviços, sua eliminação os tornaria artificialmente mais onerosos, gerando custo artificial, desvinculados da realidade, da produção e da comercialização. Os princípios da igualdade e da capacidade contributiva mantêm congruência com o postulado da não-cumulatividade. O consumidor final é o objetivo último da produção e circulação de mercadorias e prestação de serviços. É para a satisfação de suas necessidades que está direcionada a atividade dos produtores, industriais, comerciantes e prestadores de serviços. Submetem-se ao comando do art. 170 e ss. Da CF, que lhes impõe o dever de observância à valorização do trabalho, da existência digna, da justiça social e defesa do consumidor.

A isonomia e a capacidade contributiva são comandos constitucionais endereçados ao legislador ordinário, a quem incumbe a tarefa de instituir impostos que sejam uniformes e que respeitem a capacidade econômica de todos aqueles que estejam na mesma situação jurídica. Assim, deverá impor aos agentes do ciclo produção/comercialização/prestação de serviços uma única regra de comportamento, para que seja uniforme a carga tributária incorporada ao preço dos produtos. Não será possível que algumas pessoas sejam mais beneficiadas do que outras no transcorres do ciclo operacional.[180]

Como se verifica, os autores vão mais longe, buscando relacionar a regra da não-cumulatividade do ICMS também com a capacidade contributiva. Entendimento que encontra amparo na doutrina de Costa:

> Ambos os impostos, como se vê, apresentam como características a não-cumulatividade e a seletividade das alíquotas, que são, ao nosso ver, verdadeiras aplicações do princípio da capacidade contributiva. Ressalve-se, contudo, que a seletividade, enquanto obrigatória no IPI, é apenas facultativa no ICMS, segundo a dicção constitucional. Sendo seletivo, certamente melhor atenderá ao princípio em causa.

---

[180] MELO, José Eduardo Soares de, Limites Constitucionais Face à Legislação Ordinária. *In*: MARTINS, Ives Grandra da Silva (Coord.). *O Princípio da Não-Cumulatividade*. São Paulo: Revista dos Tribunais; Centro de Extensão Universitária, 2004, p. 199-200.

Roque Carrazza ensina o que se deve entender pó não-cumulatividade:

"Pela regra da não-cumulatividade (que a doutrina, de um modo geral, chama de princípio da não-cumulatividade), o montante de ICMS recolhido em cada operação mercantil ou prestação de serviço de transporte interestadual e intermunicipal e de comunicação, transforma-se num crédito fiscal, que será deduzido do quantum de imposto a pagar, quando da prática de novas operações mercantis ou prestações de serviços, por novos comerciantes ou industriais. [...] Em suma, na apuração total de ICMS a recolher, compensa-se "o que for devido em cada operação relativa à circulação de mercadorias ou prestação de serviços com o montante cobrado nas anteriores pelo mesmo ou por outro Estado ou pelo Distrito Federal" (CF, art. 155, § 2º, I)

[...]

Ao analisarem o ICM, Geraldo Ataliba e Cleber Giardino apontam os objetivos da não-cumulatividade:

"O crédito do ICM tem como finalidade assegurar que esse tributo seja eficaz instrumento de concomitante promoção de dois desígnios constitucionais – que transcendem de muito seu cunho de simples meio de realização de receitas públicas – manifestos nas dobras do sistema: a) garantir que uma mesma mercadoria não seja multiplamente onerada pelo imposto; b) garantir que o mesmo contribuinte não o deva pagar se não uma só vez e em medida idealmente fixada no própria Texto Constitucional".

A não-cumulatividade visa, assim, impedir que o imposto torne-se um gravame cada vez mais oneroso nas várias operações de circulação do produto ou mercadoria, de prestação dos aludidos serviços e de industrialização de produtos, deixando-os proibitivos.

Em verdade, tal diretriz homenageia, antes de mais nada, o próprio princípio da igualdade, entendida em seu sentido material.[181]

Da mesma forma, dúvidas não restam de que outro princípio axiologicamente sobrejacente à não-cumulatividade do ICMS é o da neutralidade, na medida em que o sistema cumulativo incentivava a verticalização das empresas, pois quanto maior o ciclo de produção e comercialização das mercadorias, maior a tributação incidente. É o que bem reconhece Torres:

---

[181] COSTA, Alcides Jorge. *ICM: Na Constituição e na Lei Complementar*. São Paulo: Resenha Tributária, 1979.

O princípio da neutralidade econômica do ICMS é importantíssimo. Significa, do ponto de vista da organização empresarial, que não favorece a integração vertical, com criar mecanismos que tornem desaconselhável a união de empresas dedicadas a fases diferentes do processo de circulação e produção. Significa, também, sob a perspectiva do processo de circulação de riqueza, que não destorce a formação de preços, pois, independentemente do número de operações, o imposto final será igual à multiplicação da alíquota pelo preço da última saída. Sucede que o princípio da neutralidade é mais de natureza econômica do que propriamente um princípio constitucional tributário. E, assim mesmo, existe grande desconfiança entre os economistas no definir o neutralismo da incidência fiscal, porque é inevitável a influência do imposto sobre a composição dos preços. Rubens Gomes de Souza recomenda que "temos que nos guardar da falácia de que existem impostos neutros, ou seja, impostos que geram receita sem produzir efeitos econômicos paralelos". Na Alemanha o Tribunal Constitucional já admitiu reclamações contra a ofensa ao princípio da neutralidade, sem, entretanto, conseguir defini-lo; também a doutrina não oferece a definição, já se tendo dito que o "imposto neutro é o que deve ser pago pelos outros" (Wettbewerbsneutral ist jeder Steuer, die die anderen bezahlen).[182]

Assim, qualificando-se a não-cumulatividade do ICMS como uma espécie normativa "regra", cujo suporte de validade é encontrado diretamente na Constituição Federal, inclui-se entre as normas que possuem

> [...] uma eficácia preliminarmente decisiva, na medida em que pretendem oferecer uma solução provisória para determinado conflito de interesses já detectado pelo Poder Legislativo. Por isso, elas preexcluem a livre ponderação principiológica e exigem demonstração de que o ente estatal se manteve, no exercício de sua competência, no seu âmbito material.[183]

Insere-se, desse modo, entre as normas que "instituem deveres definitivos (deveres que não podem ser superados por razões contrárias) e são aplicadas por meio da subsunção (exame da correspondência entre o conceito normativo

---

[182] TORRES, Ricardo Lobo. O IVA no Direito Comparado. In: MARTINS, Ives Grandra da Silva (Coord.). *O Princípio da Não-Cumulatividade*. São Paulo: Revista dos Tribunais; Centro de Extensão Universitária, 2004

[183] ÁVILA, Humberto. *Teoria dos Princípios: da definição à aplicação dos princípios jurídicos.* São Paulo: Malheiros, 2003, p. 82.

e o conceito material fático)",[184] encerrando todas as demais características pertinentes à espécie normativa regra, expostas no ponto anterior.

Por fim, cumpre tratar do problema relativo à norma jurídica que deverá prevalecer em caso de eventual conflito, pois, de acordo com as premissas expostas no ponto anterior, essas situações devem ser solucionadas por meio da hierarquização, ou seja, o princípio constitucional prevalece sobre a regra infraconstitucional, ao passo que a regra constitucional prevalece sobre o princípio infraconstitucional.

Ocorre que, no presente caso, em um eventual conflito entre a regra da não-cumulatividade do ICMS com um princípio constitucional estar-se-á diante de uma hipótese em que tanto o princípio quanto a regra possuem a mesma hierarquia.

Nessas situações, a postura tradicional tem sido a prevalência do princípio constitucional. Porém, diante do até aqui exposto, não parece que se trate da solução mais adequada, visto vez que a eficácia das regras é definida precisamente para a solução de conflitos, de modo que, se aplicável ao caso, deve preponderar para o bom êxito na solução do problema.

Nesse sentido, elucidativo o ensinamento de Ávila:

A esse respeito, convém registrar a importância de rever a concepção largamente difundida na doutrina juspublicista no sentido de que a violação de um princípio seria muito mais grave do que a transgressão a uma regra, pois implicaria violar vários comandos e subverter valores fundamentais do sistema jurídico. Essa concepção parte de dois pressupostos: primeiro, de que um princípio vale mais do que uma regra, quando, na verdade, eles possuem diferentes funções e finalidades; segundo, de que a regra não incorpora valores, quando, em verdade, ela os cristaliza. Além disso, a idéia subjacente de reprovabilidade deve ser repensada. Como as regras possuem caráter descritivo imediato, o con-

---

[184] ÁVILA, Humberto. A Teoria dos Princípios e o Direito Tributário. *Revista Dialética de Direito Tributário*, n. 125, p. 33-49, fev. 2006, p. 37.

teúdo do seu comando é muito mais inteligível do que o comando dos princípios, cujo caráter imediato é apenas a realização de determinado estado de coisas. Sendo assim, mais reprovável é descumprir aquilo que "se sabia" dever cumprir. Quanto maior for o grau de conhecimento prévio do dever, tanto maior a reprovabilidade da transgressão. De outro turno, é mais reprovável violar a concretização definitória do valor na regra do que o valor pendente de definição e complementação de outros, como ocorre no caso dos princípios. Como se vê, a reprovabilidade deve – é o que se defende neste trabalho – estar associada, em primeiro lugar, ao grau de conhecimento do comando e, em segundo lugar, ao grau de pretensão de decidibilidade. Ora, no caso das regras, o grau de conhecimento do dever a ser cumprido é muito maior do que aquele presente no caso dos princípios, devido ao caráter imediatamente descritivo e comportamental das regras. Veja-se que conhecer o conteúdo da norma que se deve cumprir é algo valorizado pelo próprio ordenamento jurídico por meio dos princípios da legalidade e da publicidade, por exemplo. Descumprir o que se sabe dever cumprir é mais grave do que descumprir uma norma cujo conteúdo ainda carecia de maior complementação. Ou dito diretamente: *descumprir uma regra é mais grave do que descumprir princípio.* [...][185] (grifou-se)

Em relação ao conflito de normas de mesma hierarquia, cabe atentar para a observação de Lummertz, fundamentando-se em Dworkin e Alexy, no sentido de que:

Caso se identifique um conflito entre um princípio constitucional e uma regra constitucional, o primeiro passo é verificar se efetivamente trata-se de um conflito entre princípio e regra, ou de um conflito entre o princípio e os princípios que são refletidos pela regra e que militam pela sua manutenção. Caso se constate que o conflito é entre o princípio constitucional e os princípios que amparam a regra, então tem-se, na verdade, um caso de colisão de princípios e a solução é a acima preconizada.

Pode ocorrer, contudo que a regra efetivamente limite o princípio e que a solução não possa ser estabelecida por meio da ponderação entre o princípio constitucional e o outro princípio constitucional que ampare a regra constitucional. Nesse caso, a primeira hipótese é a que exista uma regra de validade que determine que a regra precede o princípio, sem que seja relevante quão importante seja o cumprimento do princípio e

---

[185] ÁVILA, Humberto. *Teoria dos Princípios: da definição à aplicação dos princípios jurídicos.* São Paulo: Malheiros, 2003, p. 83-84.

quão pouco importante seja o cumprimento da regra. A segunda hipótese é a de que exista um princípio de validade que, sob determinadas circunstâncias, permita que o princípio desloque ou restrinja a regra; nesse caso, verificadas as condições previstas no princípio de validade, o princípio prevalecerá sobre a regra; não satisfeitas as condições, o princípio de validez impõe que prevaleça a regra.[186]

Diante de todo o exposto, partindo das definições conceituais examinadas anteriormente – princípio ou regra –, formuladas a partir das lições dos principais estudos apresentados pela Teoria Geral do Direito acerca de sua distinção, especialmente os preconizados por Dworkin e Alexy, na perspectiva da espécie normativa que exterioriza e de sua forma, a não-cumulatividade do ICMS caracteriza-se como uma regra constitucional, na medida em que estabelece um comportamento a ser adotado pelo Poder Legislativo e pelo Poder Executivo, qual seja, respeitar a determinação de que se compense o ICMS devido em cada operação com o montante cobrado nas anteriores, devendo ser interpretada em consonância com os princípios da igualdade e da neutralidade.

Isso denota a imprecisão da qualificação que lhe é concedida pela doutrina tributária nacional e pela jurisprudência do Supremo Tribunal Federal, na medida em que, mesmo qualificando-na como princípio, atribuem-lhe efeitos concernentes às regras. Essa classificação equivocada possivelmente decorra do apego à concepção "de que os princípios são os alicerces, as vigas mestras ou os valores do ordenamento jurídico, sobre o qual irradiam os seus efeitos",[187] que se revela, no dizer de Ávila, "*uma distinção fraca*"[188] dos princípios em relação às regras.

---

[186] LUMMERTZ, Henry Gonçalves. *Processo de Controle de Constitucionalidade: revisitando a inconstitucionalidade da norma.* 2006. Dissertação (Mestrado em Direito) Faculdade de Direito, UFRGS, Porto Alegre, 2006, p. 191-192.

[187] ÁVILA, Humberto. A Teoria dos Princípios e o Direito Tributário. *Revista Dialética de Direito Tributário*, n. 125, p. 33-49, fev. 2006, p. 34.

[188] Ibidem.

4. Conclusão

Analisado o conteúdo e o alcance atribuídos à não-cumulatividade do ICMS pelo sistema jurídico brasileiro, erigido sob a égide da Constituição Federal de 1988, sob à ótica da doutrina tributária nacional e da jurisprudência do Supremo Tribunal Federal, resultam inevitáveis as seguintes conclusões:

1. A não-cumulatividade surgiu no ordenamento jurídico brasileiro com a edição da Lei n° 3.520, de 30 de dezembro de 1958, passando o imposto sobre consumo (atual IPI) a permitir o abatimento do valor incidente nas aquisições de matérias-primas e demais insumos empregados na fabricação e no acondicionamento de produtos submetidos a sua incidência;

2. Em 1° de dezembro de 1965, por meio da Reforma à Constituição Federal de 1946, levada a efeito pela Emenda Constitucional n° 18, o Brasil, seguindo a tendência mundial iniciada na França, concede aos Estados a competência para a instituição do ICM não-cumulativo;

3. A Emenda Constitucional n° 1, de 17 de outubro de 1969, manteve as mesmas determinações, mas, em 1° de dezembro de 1983, a Emenda Constitucional n° 23 inseriu uma relevante modificação, estabelecendo que a isenção ou a não-incidência, salvo determinação em contrário, não

implicariam direito a crédito do imposto, mantida no atual sistema;

4. A não-cumulatividade do ICMS, na forma como prevista na Constituição Federal de 1988, é concretizada por meio de um mecanismo fundado em "compensações", que permite que se compense o que for devido em cada operação relativa à circulação de mercadorias ou prestação de serviços com o montante do imposto cobrado nas anteriores, criando, assim, direitos públicos subjetivos para o contribuinte;

5. A não-cumulatividade do ICMS é uma norma jurídica que integra a regra-matriz do ICMS, autorizando a afirmar que o tributo caracteriza-se como um imposto sobre o valor acrescido, onde o método adotado pela Constituição Federal para consagrá-la, como assente na doutrina tributária, é o *"tax on tax"* (imposto sobre imposto), em detrimento do *"base on base"* (base sobre base);

6. Incoerente a qualificação de princípio constitucional que é atribuída à não-cumulatividade do ICMS pela doutrina tributária nacional e pela jurisprudência do Supremo Tribunal Federal, contradizendo os próprios efeitos que lhe são, por eles mesmos, atribuídos, pois, mesmo qualificando-na como princípio, atribuem-lhe efeitos concernentes às regras. É o que demonstra, entre outros, o julgamento relativo à Medida Cautelar requerida pela CNI na Ação Direta de Inconstitucionalidade n° 2325, em que o Colendo Sodalício, embora referindo "princípio constitucional", adotou a orientação no sentido de que: *i*) a Constituição Federal de 1988 não estabeleceu o regime de compensação necessário à implementação da não-cumulatividade do ICMS; e *ii*) dessa forma, havendo previsto que a regulamentação do "regime de compensação do imposto" cabe à lei complementar, "nada impede que lei complementar fixe um novo critério";

7. A dimensão normativa da não-cumulatividade do ICMS, partindo-se da definição conceitual das espécies

normativas princípio e regra, formulada a partir das lições dos principais modernos estudos apresentados pela Teoria Geral do Direito acerca de sua distinção, especialmente os preconizados por Dworkin e Alexy, na perspectiva da espécie normativa que exterioriza e de sua forma, é de regra constitucional, na medida em que estabelece um comportamento a ser adotado pelo Poder Legislativo e pelo Poder Executivo, qual seja, respeitar a determinação de que se compense o ICMS devido em cada operação com o montante cobrado nas anteriores, devendo ser interpretada em consonância com os princípios da igualdade e da neutralidade;

8. A adequada classificação da não-cumulatividade do ICMS, se considerada pela doutrina tributária nacional e pelo Supremo Tribunal Federal, contribuirá ao próprio entendimento do ordenamento jurídico pátrio de uma forma sistemática, na medida em que permitirá a aplicação adequada do instituto e, conseqüentemente, a sua efetividade.

Referências

Doutrina

ALEXY, Robert. *Teoria de los Derechos Fundamentales*. Madri: Centro de Estúdios Constitucionales, 1993.

ALMEIDA JÚNIOR, Fernando Osório de. *Interpretação conforme a Constituição e Direito Tributário*. São Paulo: Dialética, 2002.

ARZUA, Heron. Créditos de ICMS e IPI. *Revista de Direito Tributário*. n. 64, p. 255-261, abr./jun. 1994.

ATALIBA, Geraldo (coord.). *Interpretação no Direito Tributário*. São Paulo: Saraiva, 1975.

ATALIBA, Geraldo; GIARDINO, Cleber. ICM e IPI Direito de Crédito: produção de mercadorias isentas ou sujeitas à alíquota zero. *Revista de Direito Tributário*, v.12, n.46, p.73-89, out./dez. 1988.

ÁVILA, Humberto. A distinção entre princípios e regras e a redefinição do dever de proporcionalidade, *Revista de Direito Administrativo*, n. 215, p. 151-179, jan./mar. 1999.

_____. A Teoria dos Princípios e o Direito Tributário. *Revista Dialética de Direito Tributário*, n. 125, p. 33-49, fev. 2006.

_____. *Sistema Constitucional Tributário*. São Paulo: Saraiva, 2004.

_____. *Teoria dos Princípios: da definição à aplicação dos princípios jurídicos*. São Paulo: Malheiros, 2003.

ÁVILA, René Bergmann. *ICMS: Lei Complementar 87/96 comentada e anotada*. 2. ed. Porto Alegre: Síntese, 1997.

BALEEIRO, Aliomar. *Direito tributário brasileiro*. 11. ed. Rio de Janeiro: Forense, 2001.

_____. *Limitações Constitucionais ao Poder de Tributar*. 7. ed. Rio de Janeiro: Forense, 1999.

BARRETO, Aires Fernandino. ICMS: compensação constitucional; princípio da não-cumulatividade. *Cadernos de direito tributário e finanças públicas*, v.4, n.15, p. 62-82, abr./jun. 1996.

———. O Princípio da Não-Cumulatividade na Esfera Estadual. *In*: MARTINS, Ives Grandra da Silva (Coord.). *O Princípio da Não-Cumulatividade*. São Paulo: Revista dos Tribunais; Centro de Extensão Universitária, 2004, p. 188.

BARROSO, Luís Roberto. *Interpretação e aplicação da Constituição*. 4. ed. São Paulo: Saraiva, 2001.

BASTOS, Celso Ribeiro. *Curso de Direito Constitucional*. 17. ed. São Paulo: Saraiva, 1996.

BOBBIO, Norberto. *Teoria do ordenamento jurídico*. São Paulo: Polis; Brasília: Editora Universidade de Brasília, 1989.

BONAVIDES, Paulo. *Curso de Direito Constitucional*. 9. ed. São Paulo: Malheiros, 2000.

BONILHA, Paulo Celso Bergstrom. *IPI-ICM: Fundamentos da Técnica Não-Cumulativa*. São Paulo: Resenha Tributária, 1979.

BORGES, Souto Maior. *Lei Complementar Tributária*. São Paulo: Revista dos Tribunais, 1975.

BRITO, Edvaldo. ICMS: Mercadorias Isentas. Crédito Fiscal Presumido: utilização. Ajustes: hipóteses de estorno do débito e de utilização extemporânea de crédito fiscal. *Revista Dialética de Direito Tributário*, n. 17, p. 69-90, fev. 1997.

CANARIS, Claus-Wilhelm. *Pensamento Sistemático e Conceito de Sistema na Ciência do Direito*. 2. ed. Lisboa: Calouste Gulbenkian, 1996.

CANOTILHO, J. J. Gomes, *Direito Constitucional e Teoria da Constituição*. 3. ed. Coimbra: Almedina, 1983.

CANTO, Gilberto Ulhôa. ICM: Não-cumulatividade; Abatimento constitucional. *Revista de Direito Tributário*, v. 8, n. 29/30, 197-208, jul./dez. 1984.

CARRAZZA, Roque Antonio. *ICMS*. 7. ed. São Paulo: Malheiros, 2001.

———. *ICMS*. 9. ed. São Paulo: Malheiros, 2003.

COELHO, Sacha Calmon Navarro. *Curso de Direito Tributário Brasileiro*. Rio de Janeiro: Forense, 2005, p. 400-401.

———. *O controle da constitucionalidade e do poder de tributar na Constituição de 1988*. 3. ed. Belo Horizonte: Del Rey, 1999.

COELHO, Sacha Calmon Navarro; DERZI, Misabel Abreu Machado. ICMS: Não-cumulatividade e temas afins. *In*: MARTINS, Ives Grandra da Silva (Coord.). *O Princípio da Não-Cumulatividade*. São Paulo: Revista dos Tribunais; Centro de Extensão Universitária, 2004.

COSTA, Alcides Jorge. *ICM: Na Constituição e na Lei Complementar*. São Paulo: Resenha Tributária, 1979.

DERZI, Misabel Abreu Machado; COELHO, Sacha Calmon Navarro. A Compensação de Créditos no ICMS e o Princípio da Não-Cumulatividade. *Cadernos de Direito Tributário e Finanças Públicas*, v. 4, n. 14, p. 56-74, jan./mar. 1996.

DERZI, Misabel de Abreu Machado; COÊLHO, Sacha Calmon Navarro. A compensação de créditos no ICMS e o princípio da não-cumulatividade: o caso da energia elétrica. *In*: *ICMS: problemas jurídicos*. São Paulo: Dialética, 1996.

DWORKIN, Ronald. *Taking rights seriously*. 6 ed. Londres: Duckworth, 1991.

ESSER, Josef. *Principio y norma em la elaboración jurisprudencial Del Derecho Privado*. Barcelona: Bosch, 1961.

FERRAZ JÚNIOR, Tércio Sampaio. *Introdução ao Estudo do Direito*. São Paulo: Atlas, 1990.

FERREIRA FILHO, Manoel Gonçalves. *Curso de Direito Constitucional*. 6. ed. São Paulo: Saraiva, 1976.

FREITAS, Juarez. *A Interpretação Sistemática do Direito*. 2. ed. São Paulo: Malheiros, 1998.

GRAU, Eros Roberto. *A Ordem Econômica na Constituição de 1988*. 5. ed. São Paulo: Malheiros, 2000.

_____. *A Ordem Econômica na Constituição Federal de 1988*. São Paulo, Revista dos Tribunais, 1990.

GRECO, Marco Aurélio. ICMS: Material e Princípios Constitucionais. *In*: MARTINS, Ives Gandra da Silva (Coord.). *Curso de Direito Tributário*. 5. ed. São Paulo: CEJUP, 1997.

GRECO, Marco Aurélio; ZONARI, Ana Paola. ICMS: Materialidade e Princípios Constitucionais. *In*: MARTINS, Ives Gandra da Silva (Coord.). *Curso de Direito Tributário*. 2. ed. Belém: CEJUP, 1995. v.2.

HESSE, Konrad. *A força normativa da Constituição*. Porto Alegre: Sergio Fabris, 1991.

KELSEN, Hans. *Jurisdição constitucional*. São Paulo:Martins Fontes, 2003.

_____. *Teoria pura do Direito*. São Paulo: Martins Fontes, 1996.

LARENZ, Karl. *Metodologia da Ciência do Direito*. 3. ed. Lisboa: Calouste Gulbenkian, 1997.

LUMMERTZ, Henry Gonçalves. *Processo de Controle de Constitucionalidade: revisitando a inconstitucionalidade da norma*. 2006. Dissertação (Mestrado em Direito) Faculdade de Direito, UFRGS, Porto Alegre, 2006, p. 191-192.

LUNARDELLI, Pedro Guilherme Accorsi. A não-cumulatividade do ICMS: uma visão crítica da posição do STF. *Dialética*, São Paulo, n. 103, p.125-149, abr. 2004.

MACHADO, Hugo de Brito. *Aspectos Fundamentais do ICMS*. São Paulo: Dialética, 1997.

_____. Créditos de entradas de bens de consumo ou de ativo permanente e a não-cumulatividade do ICMS. *Revista Dialética de Direito Tributário*, n.16, p.15-18, jan. 1997.

_____. ICMS: créditos relativos a energia elétrica e serviço de comunicação. *In*: ROCHA, Valdir de Oliveira (Coord.). *O ICMS e a LC 102*. São Paulo: Dialética, 2000.

MARTINS, Ives Gandra da Silva. As Técnicas de Arrecadação Admitidas no ICMS. *Revista Dialética de Direito Tributário*, n. 95, p. 96-99, ago. 2003.

_____. *Comentários à Constituição do Brasil*. 2. ed. São Paulo: Saraiva, 2001. v. 6, t. 1.

_____. Eficácia das decisões do Supremo Tribunal Federal. *Revista de Processo*, v. 25, n. 97, p. 241-250, jan./mar. 2000.

_____. O Princípio da não-cumulatividade na Constituição Federal violação a convenio com eficácia de lei complementar: decreto estadual que antecipa pagamento de ICMS antes da apuração do saldo devedor; inconstitucionalidade do decreto estadual nº 33.178/89, Artigo 54, do Estado do Rio Grande do Sul: Parecer. *Cadernos de Direito Tributário e Finanças Públicas*, v. 5, n. 20, p.110-123, jul./set. 1997.

———. O princípio da não-cumulatividade para bens do ativo permanente em face da LC 102/2000. In: *O ICMS e a LC 102*. São Paulo: Dialética, 2000.

———. O Principio da não-cumulatividade. O direito à compensação periódica de ICMS nas operações próprias e de substituição tributária parecer. *Cadernos de Direito Tributário e Finanças Públicas*, v.5, n.17, p.69-82, out./dez. 1996.

MATTOS, Aroldo Gomes de. ICMS: o montante dos créditos compensáveis. In: *ICMS: Problemas jurídicos*. São Paulo: Dialética, 1996.

MELLO, Marcos Bernardes de. *Teoria do fato jurídico – plano da validade*. 5. ed. São Paulo: Saraiva, 2001.

MELO, José Eduardo Soares de, Limites Constitucionais Face à Legislação Ordinária. In: MARTINS, Ives Grandra da Silva (Coord.). *O Princípio da Não-Cumulatividade*. São Paulo: Revista dos Tribunais; Centro de Extensão Universitária, 2004.

MELO, José Eduardo Soares de. *ICMS: teoria e prática*. 7. ed. São Paulo: Dialética, 2004.

———. *O Imposto sobre Produtos Industrializados, IPI, na Constituição de 1988*. São Paulo: Revista dos Tribunais, 1991.

MELO, José Eduardo Soares de; LIPPO, Luiz Francisco. *A Não-Cumulatividade Tributária*. São Paulo: Dialética, 1998.

MIRANDA, Jorge. *Teoria do Estado e da Constituição*. Rio de Janeiro: Forense, 2002.

O fato gerador do ICM. São Paulo: Resenha Tributária; Centro de Extensão Universitária, 1991. (Cadernos de Pesquisas Tributárias, v. 3)

PINTO FERREIRA. *Princípios gerais de Direito Constitucional moderno*. 5. ed. São Paulo: Revista dos Tribunais, 1971. t. 1.

Reforma Tributária Nacional. Rio de Janeiro: Fundação Getúlio Vargas, 1966. (Comissão de Reforma do Ministério da Fazenda, publ. n° 17)

RIBAS, Lídia Maria Lopes Rodrigues. Princípio constitucional da não-cumulatividade do ICMS e a Lei complementar. *Revista tributária e de finanças públicas*, v. 9, n.41, p.199-205, nov./dez. 2001.

SARMENTO, Daniel. *A ponderação de interesses na Constituição Federal*. Rio de Janeiro: Lumen Juris, 2002.

SILVA, José Afonso da. *Aplicabilidade das Normas Constitucionais*. São Paulo: Revista dos Tribunais, 1968.

SOUZA, Rubens Gomes de. Imposto sobre Valor Acrescido no Sistema Tributário. *Revista de Direito Administrativo*, v. 110, p. 17-26, out./dez. 1972.

STRECK, Lenio Luiz. *Jurisdição Constitucional e Hermenêutica: uma nova crítica do Direito*. Porto Alegre: Livraria do Advogado, 2002.

TORRES, Ricardo Lobo. *Curso de Direito financeiro e tributário*. 9. ed. Rio de Janeiro: Renovar, 2002.

———. O IVA no Direito Comparado. In: MARTINS, Ives Grandra da Silva (Coord.). *O Princípio da Não-Cumulatividade*. São Paulo: Revista dos Tribunais; Centro de Extensão Universitária, 2004.

VELLOSO, Carlos Mário da Silva. *Temas de Direito Público*. Del Rey: Belo Horizonte, 1997.

XAVIER, Alberto. *Conceito e natureza do ato tributário*. Coimbra: Almedina, 1972.

Jurisprudência

BRASIL Supremo Tribunal Federal. ERE nº 92.766 – RJ. 2ª Turma. Rel. Min. Décio Miranda, julgado em 17 out. 1980. *Revista Trimestral de Jurisprudência*, Brasília, DF, v. 95, n. 3, p. 1375.

BRASIL, Supremo Tribunal Federal. RE nº 161.257-6 – SP. 2ª Turma. Rel. Min. Marco Aurélio, julgado em 16 dez. 1997. *Diário de Justiça*, Brasília, DF, 17 abr. 1998.

BRASIL. Supremo Tribunal Federal. AGRE nº 325.623 – MT. 2ª Turma. Rel. Min. Ellen Gracie, julgado em 14 mar. 2006. (Informativo nº 419)

BRASIL. Supremo Tribunal Federa. AI-AgR 48.7396 – SP. 1ª Turma. Rel. Min. Eros Grau, julgado em 18 out. 2005. *Diário de Justiça*, Brasília, DF, 08 abr. 2005.

BRASIL. Supremo Tribunal Federal. RE nº 161.031-0 – MG. Tribunal Pleno. Rel. Min. Marco Aurélio, julgado em 24 mar. 1997. *Diário de Justiça*, Brasília, DF, 06 jun. 1997.

BRASIL. Supremo Tribunal Federal. RE nº 195.621-6 – GO. 2ª Turma. Rel. Min. Marco Aurélio, julgado em 07 nov. 2000. *Diário de Justiça*, Brasília, DF, 10 ago. 2001.

BRASIL. Supremo Tribunal Federal. RE nº 195.894-4 – RS. 2ª Turma. Rel. Min. Marco Aurélio, julgado em: 14 nov. 2000. *Diário de Justiça*, Brasília, DF, 16 fev. 2001.

BRASIL. Supremo Tribunal Federal. ADI-MC nº 2325 – DF. Tribunal Pleno. Rel. Min. Marco Aurélio, Brasilia, DF, 23 set. 2004. (Informativo nº 362)

BRASIL. Supremo Tribunal Federal. AGAI nº 191.605 – RS, 2ª Turma. Rel. Min. Marco Aurélio, julgado em 17 nov. 1997. *Diário de Justiça*, Brasilia, DF, 06 fev. 1997.

BRASIL. Supremo Tribunal Federal. AGRE 118.049 – SP. 1ª Turma. Rel. Min. Ellen Gracie, julgado em 17 abr. 2001. In: *Diário da Justiça*, Brasilia, DF, 18 maio 2001.

BRASIL. Supremo Tribunal Federal. AGRG nº 201.764-7 – SP. 1ª Turma. Rel. Min. Eros Grau, julgado em 07 dez. 2004. *Diário de Justiça*, Brasília, DF, 25 fev. 2005.

BRASIL. Supremo Tribunal Federal. RE nº 103.217-1 – SP. 1ª Turma. Rel. Min. Rafael Mayer, julgado em 23 nov. 1984. *Diário de Justiça*, Brasília, DF, 14 dez. 1984.

BRASIL. Supremo Tribunal Federal. RE nº 103.217-1 – SP. 1ª Turma. Rel. Min. Rafael Mayer, julgado em 23 nov. 1984. *Diário de Justiça*, Brasília, DF, 14 dez. 1984.

BRASIL. Supremo Tribunal Federal. RE nº 109.486-9 – SP. 1ª Turma. Rel. Min. Ilmar Galvão, julgado em 31 mar. 1992. *Diário de Justiça*, Brasília, DF, 24 abr. 1992.

BRASIL. Supremo Tribunal Federal. RE nº 111.661-7 – PR. 1ª Turma. Rel. Min. Néri da Silveira, julgado em 10 jun. 1988. *Diário de Justiça*, Brasília, DF, 13 mar. 1992.

BRASIL. Supremo Tribunal Federal. RE nº 111.757 – SP. 2ª Turma. Rel. Min. Célio Borja, julgado em 04 dez. 1987. *Diário de Justiça*, Brasília, DF, 26 fev. 1988.

BRASIL. Supremo Tribunal Federal. RE n° 154.273-0 – SP. Tribunal Pleno. Rel. p/ o Acórdão Min. Ilmar Galvão, julgado em 21 jun. 1995. *Diário de Justiça*, Brasília, DF, 14 jun. 1996.

BRASIL. Supremo Tribunal Federal. RE n° 172.394-7 – SP. Tribunal Pleno. Rel. p/ o Acórdão Min. Ilmar Galvão, julgado em 21 jun. 1995. *Diário de Justiça*, Brasília, DF, 21 jun. 1995.

BRASIL. Supremo Tribunal Federal. RE n° 174.478-2 – SP. Tribunal Pleno. Rel. p/ o Acórdão Min. Cesar Peluso, julgado em. 17-03-2005. *Diário de Justiça*, Brasília, DF, 30 set. 2005.

BRASIL. Supremo Tribunal Federal. RE n° 195.643-7 – RS. 1ª Turma. Rel. Min. Ilmar Galvão, julgado em 24 abr. 1998. *Diário de Justiça*, Brasília, DF, 21 ago. 1998.

BRASIL. Supremo Tribunal Federal. RE n° 200.379-4 – SP. 2ª Turma. Rel. Min. Marco Aurélio, julgado em 15 fev. 2006. *Diário de Justiça*, Brasília, DF, 07 ago. 1998.

BRASIL. Supremo Tribunal Federal. RE n° 203.075-9 – DF. Tribunal Pleno. Rel. p/ o Acórdão Min. Maurício Corrêa, julgado em 05 ago. 1998. *Diário de Justiça*, Brasília, DF, 29 out. 1999.

BRASIL. Supremo Tribunal Federal. RE n° 212.019-7 – SP. 1ª Turma. Rel. Min. Ilmar Galvão, julgado em 21 maio 1999. *Diário de Justiça*, Brasília, DF, 21 maio 1999.

BRASIL. Supremo Tribunal Federal. RE n° 212.209-2 – RS. Tribunal Pleno. Rel. p/ o Acórdão Min. Nelson Jobim, julgado em 23 jun. 1999. *Diário de Justiça*, Brasília, DF, 14 fev. 2003.

BRASIL. Supremo Tribunal Federal. RE n° 70.204 – SC. Tribunal Pleno. Rel. Min. Aliomar Baleeiro, julgado em 17 mar. 1971. *Diário de Justiça*, Brasília, DF, 30 abr. 1971.

BRASIL. Supremo Tribunal Federal. RE n° 91.107-3 – MG. 2ª Turma. Rel. Min. Décio Miranda. *Diário de Justiça*, Brasília, DF, 17-10-1980.

BRASIL. Supremo Tribunal Federal. RE n° 94.177-1 – SP. 1ª Turma. Rel. Rafael Mayer, julgado em 04 out. 1983. *Diário de Justiça*, Brasília, DF, 17 out. 1983.

BRASIL. Supremo Tribunal Federal. RE n° 94.177-1 – SP. 1ª Turma. Rel. Min. Rafael Mayer, julgado em 04 out. 1983. *Diário de Justiça*, Brasília, DF, 17 out. 1983.

BRASIL. Supremo Tribunal Federal. RE-AgR 224.531 – SP. 1ª Turma. Rel. Min. Ellen Gracie, julgado em 28 maio 2002. *Diário de Justiça*, Brasília, DF, 28 jun. 2002.

BRASIL. Supremo Tribunal Federal. RE-AgR 417.686 – SP. 2ª Turma. Rel. Min. Carlos Velloso, julgado em 01 jun. 2004. *Diário de Justiça*, Brasília, DF, 25 jun. 2004.

BRASIL. Supremo Tribunal Federal. RE-AgR n° 301.753 – PR. 2ª Turma. Rel. Min. Ellen Gracie, julgado em 18 nov. 2003. *Diário de Justiça*, Brasília, DF, 12 dez. 2003.

BRASIL. Supremo Tribunal Federal. RE-AgR-EDv-AgR n° 212.163 – SP. Tribunal Pleno. Rel. Min. Maurício Corrêa, julgado em 18 fev. 2002. *Diário de Justiça*, Brasília, DF, 26 abr. 2002.

BRASIL. Supremo Tribunal Federal. RE-ED-EDv n° 115.452 – SP. Tribunal Pleno. Rel. Min. Carlos Velloso, julgado em 04 out. 1990. *Diário de Justiça*, Brasília, DF, 06 nov. 1990.

BRASIL. Supremo Tribunal Federal. SEDAI n° 497.755-1 – PR. 2ª Turma. Rel. Min. Carlos Velloso, julgado em 13 dez. 2005. *Diário de Justiça*, Brasília, DF, 24 fev. 2006.

Legislação

BRASIL. Constituição da República dos Estados Unidos do Brasil de 1934. *Diário Oficial [da] República Federativa do Brasil*, Brasília, DF, 16 jul. 1934. Disponível em: https://www.planalto.gov.br/ccivil_03/Constituicao /Constituiçao46. htm. Acesso em: 28 jul. 2006.

BRASIL. Constituição dos Estados Unidos do Brasil de 1946. *Diário Oficial [da] República Federativa do Brasil*, Brasília, DF, 19 set. 1946. Disponível em: https://www.planalto.gov.br/ccivil_03/Constituicao /Constituiçao46.htm. Acesso em: 28 jul. 2006.

BRASIL. Constituição dos Estados Unidos do Brasil de 1967. *Diário Oficial [da] República Federativa do Brasil*, Brasília, DF, 24 jan. 1967. Disponível em: https://www.planalto.gov.br/ccivil_03/Constituicao/ Constituiçao67.htm. Acesso em: 28 jul. 2006.

BRASIL. Constituição da República Federativa do Brasil de 1988. *Diário Oficial [da] República Federativa do Brasil*, Brasília, DF, 05 out. 1988. Disponível em: https://www.planalto.gov.br/ccivil_03/Constituicao/ Constituiçao.htm. Acesso em: 28 jul. 2006.

BRASIL. Lei Complementar nº 87, de 13 de setembro de 1996. Dispõe sobre o imposto dos Estados e do Distrito Federal sobre operações relativas à circulação de mercadorias e sobre prestações de serviços de transporte interestadual e intermunicipal e de comunicação, e dá outras providências. (LEI KANDIR). *Diário Oficial da União*, Brasília, DF, 16 set. 1996. Disponível em: https://www.planalto.gov.br/ccivil_03/Leis/LCP/ Lcp87.htm. Acesso em: 28 jul. 2006.

BRASIL. Secretaria da Fazenda. Convênio nº 88, de 14 de dezembro de 1988. *Diário Oficial da União*, Brasil, DF, 16 dez. 1988. Disponível em: http://www.fazenda.gov.br/confaz/ confaz/CONVENIOS/ICMS/1988/ CV066_88.htm. Acesso em: 28 jul. 2006.

RIO GRANDE DO SUL. Decreto nº 37.699, de 26 de agosto de 1997. Regulamento do Imposto sobre Operações Relativas à Circulação de Mercadorias e sobre Prestações de Serviços de Transporte Interestadual e Intermunicipal e de Comunicação – RICMS RS. Disponível em: http://www.fiscosoft.com.br / main_online.php?home= estadual&optcase=RS. Acesso em: 28 jul. 2006.

RIO GRANDE DO SUL. Lei nº 8.820, de 27 de janeiro de 1989. Institui o Imposto sobre Operações Relativas à Circulação de Mercadorias e sobre Prestações de Serviços de Transporte Interestadual e Intermunicipal e de Comunicação e dá outras providências. Disponível em: http://www.fiscosoft.com.br/ main_online.php?home= estadual&optcase=RS. Acesso em: 28 jul. 2006.